文学修养视域下的英语教学方法研究

陈 娟◎著

吉林出版集团股份有限公司

图书在版编目（CIP）数据

文学修养视域下的英语教学方法研究 / 陈娟著.
长春：吉林出版集团股份有限公司，2024. 6.--ISBN
978-7-5731-5178-0

Ⅰ. H319.3

中国国家版本馆CIP数据核字第20242CW124号

文学修养视域下的英语教学方法研究

WENXUE XIUYANG SHIYU XIA DE YINGYU JIAOXUE FANGFA YANJIU

著　者	陈　娟	
出版策划	崔文辉	
责任编辑	侯　帅	
封面设计	文　一	
出　版	吉林出版集团股份有限公司	
	（长春市福祉大路 5788 号，邮政编码：130118）	
发　行	吉林出版集团译文图书经营有限公司	
	（http://shop34896900.taobao.com）	
电　话	总编办：0431-81629909　营销部：0431-81629880/81629900	
印　刷	吉林省六一文化传媒有限责任公司	
开　本	710mm×1000mm　　1/16	
字　数	220 千字	
印　张	14	
版　次	2024 年 6 月第 1 版	
印　次	2024 年 6 月第 1 次印刷	
书　号	ISBN 978-7-5731-5178-0	
定　价	85.00 元	

如发现印装质量问题，影响阅读，请与印刷厂联系调换。电话：18686657256

前　言

在全球化日益加剧的今天，英语作为国际交流的主要语言，其教学的重要性不言而喻。文学作为人类文化的重要组成部分，不仅蕴含着丰富的语言资源，更是培养人文素养、提升审美情趣、拓宽国际视野的重要途径。因此，将文学修养融入英语教学，创新英语教学方法，对于提高学生的英语综合运用能力，培养具有国际视野的复合型人才具有重要意义。

文学修养是指个体通过阅读和欣赏文学作品，所获得的审美体验、情感熏陶和文化认知。在英语教学中，文学修养的培养不仅有助于提升学生的语言水平，更能丰富其精神世界，培养跨文化交际能力。通过阅读英语文学作品，学生可以接触到不同的文化背景、历史背景和社会背景，从而加深对英语国家文化的理解，提高跨文化交流能力。同时，文学作品中的优美语言、深刻思想和丰富情感，也能够激发学生的阅读兴趣，提高其语言感知和运用能力。

文学修养视域下的英语教学方法研究具有重要的理论意义和实践价值。通过创新英语教学方法、培养学生的文学修养，我们不仅能够提高学生的英语综合运用能力，更能够培养具有国际视野和跨文化交际能力的复合型人才。然而，这一研究领域仍然存在诸多挑战和不足，需要我们不断探索和完善。未来，我们可以进一步深入研究文学修养与英语教学之间的关系、探索更加有效的英语教学方法、完善教学评价体系等方面的工作，以更好地推动英语教学改革和发展。

由于笔者水平有限，本书难免存在不妥甚至谬误之处，敬请广大学界同人与读者朋友批评指正。

目　录

第一章　现代英语教学概论 ···································· 1

　　第一节　英语教学的基本概念 ···························· 1

　　第二节　英语教学的因素分析 ···························· 5

　　第三节　英语教学的过程原理 ·························· 17

　　第四节　现代英语教学的原则 ·························· 30

第二章　文学修养的由来 ···································· 36

　　第一节　文学的含义 ·································· 36

　　第二节　文学修养的含义 ······························ 40

　　第三节　文学修养培养的含义 ·························· 45

第三章　英美文学修养培养 ·································· 51

　　第一节　英美文学修养的价值 ·························· 51

　　第二节　英美文学修养的培养方法 ······················ 56

　　第三节　英美文学作品赏析与人文修养 ·················· 61

　　第四节　英美文学教学与文学修养培养 ·················· 68

　　第五节　英美文学教育对学生人文修养的培养作用 ·········· 74

　　第六节　英美文学作品中人文修养的社会体现 ·············· 79

第四章　英美文学教学概述 ·································· 84

　　第一节　英美文学教学的目标内涵与层次定位 ············ 84

　　第二节　批判性思维与英美文学教学 ····················87

第三节　新媒体时代的高校英美文学教学 …………………… 91

第四节　基于"互文性"的英美文学教学 ……………………… 98

第五节　英美文学教学与人文思想渗透 ……………………… 104

第五章　英美文学教学的发展 …………………………………… 109

第一节　网络时代的英美文学教学 …………………………… 109

第二节　英美文学教学的改进策略 …………………………… 112

第三节　跨文化视野下的英美文学教学 ……………………… 115

第六章　英美文学教学实践研究 ………………………………… 121

第一节　建构主义与英美文学教学 …………………………… 121

第二节　信息化背景下英美文学多模态教学 ………………… 147

第三节　英美文学教学改革研究 ……………………………… 159

第七章　文学修养视域下英语阅读教学的方法与应用 ………… 164

第一节　英语阅读教学概述 …………………………………… 164

第二节　英语阅读教学中的任务型教学法的应用 …………… 172

第三节　英语阅读教学中的情景教学法的应用 ……………… 178

第四节　英语阅读教学中的支架教学法的应用 ……………… 187

第八章　英美文学教学能力的培养 ……………………………… 196

第一节　英美文学教学中思辨能力的培养 …………………… 196

第二节　英语专业英美文学课教学的技能培养 ……………… 200

第三节　英美文学教学与学生人本精神的培养 ……………… 205

第四节　英美文学教学中学生创新能力培养 ………………… 209

参考文献 …………………………………………………………… 215

第一章 现代英语教学概论

在英语教学中先后出现的教学法与教学范式都曾受到当时特定的教学理念的指导，这些理念涉及语言教学和学习，都是学者研究和实践的结晶。以理论为基础可以在很大程度上减少教学的随意性、盲从性和无序性，促进教学水平的提高，这也是多种多样的教学法应运而生的主要原因。本章通过对英语教学的基本概念进行解析，分析英语教学的因素、过程原理及现代英语教学原则。

第一节 英语教学的基本概念

一、教育与教学的概念

（一）教育的概念

教育对人类的存在与发展起着重要的作用，这是因为教育既传承了人类的既有经验，又把单独的个体培养作为社会的组成部分。"教育"一词在汉语中可以分为两个部分："教"和"育"，它们分别有"上施下效""使之为善"之意。然而，英语中的 education（教育）则是指"导出"，教育的学术性定义正是基于这一语义形成的。

学术界对教育的定义与分类有很多：①教育是纲领性的定义、规定性的定义和描述性的定义，不同的定义都在各说各话；②教育可以分为作为机构的教育、作为内容的教育、作为活动的教育和作为结果的教育；③教育是培养新生一代准备从事社会生活的整个过程，也是人类社会的生产经验得以继承和发扬的关键环节，主要指学校对适龄儿童、少年、青年进行培养的过程；④教育是传递社会生活经验并培养人才的社会活动，学校教育则是根据一定的社会要求和受教育者的发展需要，有目的、有计划、有组织地对受教育者施加影响，以培养一定社会所需要的人才的活动。

此外，我国还有不少学者试图为教育下一个准确的定义：①教育的真义就是价值引导与自主建构的统一。奠基于价值引导与自主建构相统一的教育，从学生的成长过程来说，是精神的唤醒、潜能的显发、内心的敞亮、主体性的弘扬和独特性的彰显；从师生共同活动的角度来说，是经验的共享、视界的融合和灵魂的感召。②教育是有意识的、以影响人的身心发展为直接目标的社会活动。

综合以上观点，教育是一种可以引导人类发展的活动。因此，教育的内涵必然涉及两个要素：引导与发展。引导说明教育是有目的的活动，"使之向善"是其最根本的目的。引导还说明教育不是强制性的活动，也不可能强制，如不可能强制学生掌握知识、技能和树立价值观。发展是指学生的发展，教育能否最终实现其目的，主要在于学生是否能得到与所设定目标一致的发展。

（二）教学的概念

教学是教育中的一个重要因素，既是一种基本因素，又是一种复杂因素。研究教育必然要对教学的相关概念有所了解。

对教学与教育之间的关系，最基本的说法就是，教学是教育活动的一种，是发生在师生之间的一种学习活动。对学生来说，教学是借助教师的引导而发生的活动；对教师来说，教学是引导学生进行自主学习的活动。这些活动必须要有目的，以严密的计划组织、引导学生学习。而判断教学是否成功的一个重要指标就是学生的身心能否得到全面发展。

师生之间的关系是教学活动中最重要的关系。教师传授自己的知识，学生进行学习并获得身心的全面发展。教师需要引导学生去主动学习知识技能，实现自身能力的提升，促进审美价值的实现，形成正确的人生观及价值观。这个过程需要教师和学生共同完成。师生是教学活动的双主体，如果没有教师的讲授，或者没有学生积极、主动地参与学习，那么就不存在教学活动。教与学必须统一在一起，才能实现教学活动。

从师生关系来说，教师起引导作用，学生起主导作用，两者相互作用共同完成教学任务。在学校教育的诸多任务中，教学始终是最核心的任务。它目标明确，即使每一门学科都具有相同的教学目的，各自的教学目标也是不同的。而不同学段、不同学年、不同学期、不同星期都会有教学目标的变化，并且教材、活动、课文的变化也会引起教学目标的改变。

教学的目的就是传授人类的知识技能，也要把人类关于生存的各种经验向后代传递下去。因此，教学的内容一定要具体，把生存经验和知识技能都以具体的教学内容的形式呈现出来。教学内容要有一定的层次性，这是因为教学是一种计划性、系统性的教育活动，如教学计划、课程计划等，以这些形式来分层次呈现教学内容。这些计划的制订并不是随机的，而是教育机构、学校和教师经过长期科学的研究而得出的。

在当今社会中，教学的实施形式不再单一，而是会借助有效的教育技术或方法。教学的演变历史悠久，在实践的积累中形成了多种行之有效的方法。信息技术的快速发展，使得教学可以借助形式多样的技术得以实现。因而，教学必须有计划地教授系统内容，依照既定目标，依托有效的技术与方法，使教师能够引导学生学会知识、掌握技能、拓宽眼界，促进学生身心的全面健康发展。

二、英语教学的实质

一般认为英语教学只是语言教学，只要让学生能够自如地使用这门语言就可以了。其实英语教学更是一种文化教学，还要让学生通过学习英语来研究英语文化，而不仅仅是会说英语。学习英语是为了能够借助英语来研究相关知识，如学习古埃及语、古希腊语等，这些语言已经没人再使用，但依旧会有学者进行学习和研究。

要想研究英语，首先要学会英语。对中国的学生来说，中文是其母语，而英语是外语。回首各国外语教学的发展历程，如果学生已经初步形成了运用母语的能力，则在他们学习外语时一定要传授其外语知识，只有这样才能更好地使学生掌握和运用外语。所以，在英语的语言教学中，一定要把提高学生使用英语的能力放在首位。

英语作为语言的一种，也是承载文化的重要载体。因此，英语的教学本质上是文化的教学。

第二节 英语教学的因素分析

一、学生方面

（一）学生角色

全体学生都应该成为英语教学的对象。英语教学要关注学生的学习方式，努力提高学生学习英语的兴趣和愿望，培养良好的学习习惯，提升学习英语的能力。除此之外，还要关注学生自评、鼓励、反馈和纠正等行为，帮助学生促进身心的健康发展。学生角色的新的阐释，具体有以下四个方面：

（1）学生的主体地位。在任何学习中，学生都是学习的主体，没有学生对知识的积极探索、理解消化等行为，便不存在英语教学行为。以学生为主体，可以极大地促进学生学习知识、搭建知识体系，推动学生三观（世界观、人生观、价值观）的积极形成。

（2）学生是参与者。在教学活动中，学生不是被动的接受者，而是积极、主动的课堂参与者。因此，教师要注重激发学生的积极性和主动性，让他们积极参与教学活动，享受学习乐趣，积极动脑，有自己独特的观点与想法，并勇于表达出来，使自己的才能得到发挥。

（3）学生是合作者。在英语学习的过程中，教与学是统一的，是在师生、生生之间进行的。因此，学生要学会和教师、同学合作。在合作中，学生可提高互助协作等各方面的能力。

（4）学生是反馈者。学生是学习的主体。他们能够根据自己的学习情况，及时向教师反馈教学意见，发现教学问题，让教师能够积极调整教学内容和教学方式，提高英语教学效率。

（二）学生个体差异

每个学生都是独立的个体，他们在性格、态度、学习动机、语言潜能、认知方式上不尽相同，这就使他们在学习知识时的接受能力也很不一样。因此，在英语教学中，教师要按照学生的差异进行针对性的调整，尽量以合适的教学方法来提高学生的英语学习水平。学生的具体差异表现在认知风格、语言潜能和情感因素三方面。

1. 不同的认知风格

在面对各类信息时，人们会在分析信息后对其进行组织运用。在这个过程中，人们所表现出来的认识能力和认知功能的风格便是认知风格。

不同的认知风格体现在两个方面：一是认知过程（思维、记忆和个体知觉）方面的差异；二是人格和认知能力与认知功能的差异，如动机、态度等。因此，每一个独立的学习主体，其认知风格也不尽相同。每一种认知风格都有其优势和劣势，但是这并不代表学习效果有差异。每个人加工信息的方式不同，消化知识所用的时间也有长有短。假如学生的认知风格和教师的教学风格、周边环境的影响相适应，那么学习效果就会更好。同时，学生不同的认知风格也会影响他们对学习策略的制定。

在英语教学中，教师应该了解每一个学生的认知风格，并能够根据学习任务的不同、教学环境的变化对学生进行有效的引导，扬长避短，把自己的教学风格与学生的求知需求相结合，从而促进学生身心的全面发展，提高英语教学的学习效果。

2. 语言潜能的差异

学生学习外语，不仅要提高外语素质，也要提高综合运用语言的能力。而语言潜能就是外语学习的一种潜在能力，这种潜能就是学生的认知能力对学习外语的潜在能力所做出的预估。

每个学生的语言潜能不尽相同。教师要在教学过程中，对每一个学生的语言潜能进行了解，能够根据学习任务、场合的不同，发挥每一个学生的优势，使学生的学习效果得到提高。教师要考虑到学生语言潜能的不同特点，摒弃统一的教学方法，以不同的要求来发掘学生的语言潜能，努力提高学生学习英语的积极性和主动性，提高其学习效率。

3. 情感因素的影响

个人情绪情感因素也会影响英语学习效果。这里说的情感因素涵盖了学习动机、性格和态度等元素。

（1）学习动机。学习动机是为了激励个体能够积极进行学习活动，使自己的行为朝着学习目标努力的一种心理状态或心理过程。学生是独立的个体，他们的家庭状况、教育程度、生活经验、学习计划都不一样，所以也会有不同的学习动机。

学习动机分为内部和外部两种动机。内部动机是指学习动力来自学习者的内部，他们自愿学习知识，有旺盛的求知欲和兴趣爱好等，有时也想要表现自我。外部动机则受外部因素驱动，如名誉、金钱、利益等。为了更好地适应环境而被迫学习英语，这种要求不是学习者自发形成的，而是来自父母、教师、社会等方面的压迫。

这两种学习动机中，内部动机显然能够让学习持续的时间更长，更可以推动学习者积极学习外语知识。因此，教师要积极挖掘学生的内部动机，从内在因素入手，让学生真正爱上英语学习，这样才能从根本上提高其学习效率。

（2）性格。在英语学习中，学生的性格也是影响学习效果的因素之一。有的人是内向型性格，有的人是外向型性格。内向型的学生更擅长写作和阅读，有利于认知性学术语言的发展；而外向型的学生更适合交际性学习。因此，教师应该了解学生的不同性格特点，使不同性格的学生都能发挥出学习优势。对于内向型性格的学生，要给他们创造一种宽松、愉悦的氛围，让他们大胆学习；对于外向型性格的学生，教师要努力提高他们的语言准确程度。

（3）态度。认知、情感和意动三种成分构成了态度。态度是人对人或者事物的评价性反应。每个人对待事物时所表现出来的理念是认知成分，对事物的喜爱或讨厌程度是情感成分，对事物的倾向或行动方向是意动成分。

在外语学习过程中，学习者的态度起着重要的作用。如果学生喜欢其他民族的文化，那么便希望了解这个民族的风土人情、人文历史等，也愿意学习该民族的语言，从而使学习语言的效果加倍；反之，如果学生讨厌这个民族的文化，不愿意积极主动地了解该民族的风俗文化，那么便不会认真学习该民族的语言。除了这些因素之外，学生对教师的喜爱程度、教学活动的组织方式、学习材料等也会影响学习效果。因此，教师一定要在英语教学过程中培养学生正确的学习态度。

二、教师方面

在英语教学过程中，教师的作用非常重要，是教学环节中不可或缺的部分。教师应该发挥主动的引导作用，认清角色地位，提高基本职业素质。

（一）教师角色的转变

随着教学改革的逐渐深入，教师角色涵盖的范围越来越广，而不仅仅是单纯地传授知识。在当代社会，教师角色有了新的内涵。

（1）知识传授者。教师最根本的任务就是传授知识。教师要在教学活动中将知识和信息传递给学生。教师在教书之外还要育人，要让学生懂得做人的道理。

（2）课堂领导者。教师在课堂教学中应该发挥主动的领导作用。教师要把控学生的学习进度，还要注意课堂执行情况和教学时间。同时，教师要避免教学的随意性，这样才能提高学习效果。

（3）行为评价者。在教学过程中，教师要注意每一个学生在学习上的问题和不足，及时对学生做出反馈评价。同时，一定要掌握反馈评价的方式、方法，既能有效纠正学生的错误，又能让学生心服口服地接受，措辞委婉，不伤害学生自尊心。

（4）活动组织者。在课堂活动中，教师是组织者，而学生是参与者。因此，教师要充分考虑学生的各种情况，把课堂任务、目标、学习方式、学习流程等向学生做出交代，让学生清楚地知道自己应该担负的责任，了解各个环节，让自己的行为更有针对性和目的性，从而使整个活动顺利完成。

（5）活动促进者。学生在学习过程中或多或少会遇到困难，这时，教师应该积极地为学生提供相应的帮助，引导学生联系已经学到的知识，并和当前的知识点进行关联，从而构建新的知识脉络。

（6）活动参与者。教师要参与到活动中来，这样既可以使课堂氛围更加轻松愉悦，和学生之间形成亲密关系，还能深入了解学生的心理动态，及时发现学生的学习问题，更好地提高学生的学习效率。

（7）资源提供者。教师拥有丰富的资源，因此，在教学活动中，教师可以给学生提供丰富的内容、答案、案例和背景知识，这些都能更好地提高学生的学习效率。

（8）教学研究者。教师不仅是知识的传授者，也是教学的研究者。他们有自己的研究课题和研究方法，能够在教学过程中不断地拓展问题，通过课题研究，及时解决问题，将课堂实践和课程研究结合起来，使教学过程更加流畅有效。

（9）学生激励者。教师在学生学习上的激励作用非常大。教师要让学生掌握课程的控制权，以学生的需求为出发点，积极鼓励学生努力学习。因此，教师不仅要储备丰富的知识和经验，还要不断提升鼓励学生的能力。

综上所述，教师拥有多种角色定位，对这些角色的期待来自学生、家长、学校，乃至社会。教师要能根据现实情况自由地进行角色转换，发挥自己的作用。

（二）教师的素质要求

作为一名教师，对其素质的要求是第一位的。因为教师不仅要传递文化科学知识，还担负着育人的重任。因此，作为一名英语学科教师，不仅要具备扎实的英语专业素养，还要具备良好的师德素养和健全的人格素养。

1.英语语言学专业素养

一名合格的英语教师的专业素养包括以下三个方面：

（1）扎实的英语语言学基础。扎实的英语语言学基础是英语教师进行教学的前提和基础，它包括英语语音、语法及丰富的词汇量，同时还要具备外语的四项基本技能，即熟练的听、说、读、写能力。平时教师还要经常阅读英语作家原著，以了解英语国家的风土人情、地域特色，熟悉英语语言的使用环境。只有具备良好的语言水平，教师才能了解英语课文背景，从而全面把握教材，顺利教授语言知识，提高学生的英语学习能力。

（2）全面的教学能力。教师的教学能力包括教授英语知识能力、教学组织能力和综合教学能力。教授英语知识能力是指教师通过讲解示范、启发引导学生学习英语的基本知识，同时注重英语技能的训练，对学生在学习过程中提出的疑问及时进行解答等。综合教学能力是指英语语言之外的教学能力，包括美术、舞蹈、音乐、表演等。教学组织能力是教师组织课堂教学、实现高效课堂的能力。

（3）较强的科研能力。强化教师的科研意识，在具备良好的语言基础与教学水平的基础上，借助现代科学技术手段深入研究教学理念和教学方法，全面提高英语教学水平。

除具备上述三项基本能力之外，教师还要掌握包括心理学、教育学及外语教学理论知识在内的系统教学理论知识。

2. 师德素养

师德是教师素质中最核心的因素，因此，加强教师道德素质建设极其重要。从某种意义上说，师德决定着学生的未来走向。因此，一名高素质教师必须热爱自己从事的职业，并有坚定的信念，正确的人生观、价值观，必须忠于教育事业。

3. 人格素养

人格素养是教师素质的灵魂。学生对教师的人格素养有着很高的期待，教师的人格对学生的发展具有重要的影响。教师的职业特点决定了教师必须具备良好的人格素养。教师的人格素养首先来自正确的自我认知，热情开朗、温和宽厚、精神饱满、心地善良是良好性格的体现；其次，教师的人格素养来自渊博的学识和教书育人的能力。教师的人格和学生的人格是平等的，教师应理解并尊重学生的人格。

三、教学设计方面

在漫长的外语教学过程中产生过很多语言教学设计，不同的教学设计在不同的时期发挥着重要作用，不断推动着英语教学的变革与发展。这些教学设计包括翻译法、直接法、自觉对比法、听说法、视听法、认知法、功能法，以及由此派生出来的口语法、全身反应法、自然法、暗示法、沉默法、交际法等。

综合发现，没有哪一种教学设计能达到完美的效果，因人而异、因材施教，每个地区、每个民族，甚至每个学生都有其独特的语言规律。只有适合的才是最好的，研究并总结适合的教学设计才能达到理想的效果。在外语教学实践中，教师要根据不同的语言知识和技能灵活地制订相应的教学设计，这样才能达到较理想的教学效果，从而提高学生的英语水平，促进学生健康、全面发展。教师不能片面地追求某一种教学法，这样必会适得其反。

四、教学内容方面

教学内容是教师的教和学生的学之间互动传递的信息，一般来说，平时上课的教学内容就是讲授教材，但是教学内容不仅仅局限于教材，教材只是教学内容的载体。教师传递给学生的知识、技能、思想、观点及行为习惯等都属于教学内容，具体论述如下：

（一）教学内容的特点

英语教学内容应具备五个特点：①英语教学内容科学规范。课堂教材必须语法准确，语音标准符合英语国家的语言习惯。英语教学要做到与其他相关学科加强互动，共同提高教学质量。②教学内容以人为本。尊重学生的个性发展，促进共性的形成。深入了解学生，结合学生的实际需求，改进教学方法，提高学生的学习效果。③发挥学生的主动性。教学内容要从实际出发，培养学生发现问题的能力、独立思考的能力及积极探索解决问题的能力。④教学内容体现共性。教学内容不能针对少数学生，而应以绝大多数学生为基础，培养他们具备社会所需要的基本知识与技能，成为一名较高素质的公民。⑤教学内容体现人文情怀。教学内容不仅要培养学生的学习能力，更要注重学生的道德素养、人文素养，促进学生良好个性的形成，使之具有正确的社会观、人生观、价值观及强烈的社会责任感。

（二）教学内容的范围

从英语语言学的发展规律和教学设计上看，教学内容包含语言知识、语言技能、学习策略、文化意识及情感态度。

1. 语言知识的组成

语音、语法、词汇、功能和话题是英语语言知识的五个组成部分，它们并不是孤立存在的，而是相互影响、互为依存的。要在掌握语音语法的基础上掌握词汇量，在具备一定词汇量的基础上学会用什么样的方式应用到话题中。只有具备了这些语言基础知识，才能在实践中灵活运用。因此，英语语言知识是能够驾驭语言能力的基础，是学习语言、运用语言的基本保障，是学生综合英语水平提升的关键。

2. 语言技能的形成

英语语言技能是形成语言交际能力的重要组成部分，它包括听、说、读、写、译五个方面的内容。听和读是理解的技能，说、写和译是表达的技能，这五种技能在语言学习与交流中相辅相成、互为促进。"听"能识别不同句式，并根据语调变化判断句子的意义，这是理解能力的体现；"说"能够针对不同话题进行交流，能够描述发生的事件，是表达能力的体现；"读"要发音标准、规范流利，是辨认和理解能力的体现；"写"是按照英语语言规则使用语言，是书面表达能力的体现；"译"是综合运用英语能力的体现。提升英语综合应用能力，平时必须进行大量的五项基本技能训练，然后积累经验，真正将其运用到实际交流中。语言学习过程是一个缓慢的过程，需要耐心细致地走好每一步，在不同的学习阶段针对不同的学生所要达到的语言水平是不一样的。

3. 学习策略的制定

英语学习策略是指为了提高英语学习效率而制订的步骤和采取的手段，其中比较主要的策略有认知策略、调控策略、交际策略和资源策略等。

恰当的学习策略能够对英语学习起到非常关键的作用，不但能帮助提高学习效率，更能让学生养成自主学习和终身学习的习惯，利于其长期发展。这就需要教师在英语教学过程中鼓励学生探索尝试不同的学习策略，对比分析，最终找到符合自己特点的策略；然后对自己的学习过程进行反思，在实践中对自己选择的学习策略进行调整和改进；可以加强与同学的交流互动，分析每个人不同的策略，相互分享更有效的学习策略等，相互学习，共同进步。

4. 文化意识的培养

文化意识的培养在英语教学中也是不可缺少的一部分。英语国家的文化涉及历史传统、自然环境、风土人情、生活方式、思维方式、价值观念等各个方面，而语言作为文化的载体，这些文化特征都在英语语言中得到了充分反映。因此，了解英语国家的文化背景有助于理解英语中的一些表达和用法。

教师在教学过程中要有意识地融入文化知识的介绍。根据学生的理解能力和认知程度，适当地渗透英语国家的相关文化知识，有助于学生形成完整的认知体系，形成文化意识及文化自豪感，热爱本民族的优秀文化，并应在传承和发扬传统文化的同时，培养学生的创造意识和创造能力。

5. 情感态度的影响

情感态度是指学生的兴趣、意愿、意志力、价值观、学习动机等影响学习过程和效果的主观因素，其是英语学习的重要部分。这些因素不仅与学生个人有关，而且受周围同学的情感态度，以及教师的态度、教学方式、个人魅力、情感投入程度等因素的影响。教师要关注日常教学过程中学生的情感态度变化，并注重引导鼓励；激发学生的学习兴趣，帮助学生形成稳定的学习动机；及时帮助学生排解遇到问题和困难时的消沉情绪，以正面的态度弥补和修正自己的不足；鼓励学生与身边的同学相互合作、共同进步，形成团队意识；增强学生的自信心，形成正确积极的人生观、价值观。

五、教材选择方面

教材是学生学习英语的知识载体，也是教师教学的依据和工具。教材编写的水平参差不齐，如果完全按照教材按部就班地教学，则有可能达不到教学目标。教师需要根据学生学习的实际情况，根据课堂气氛和学生的情感因素，灵活利用教材，调整教学进度和教学方式，从而达到最优的教学效果。

六、教学环境方面

教学环境是指教学相关的外部环境，是英语教学的构成要素，其对英语教学具有很大的影响。

（一）教学环境的组成

教学环境包括社会环境、学校环境及个人环境三个部分，对这三个部分分析如下：

（1）社会环境是决定英语学习的指导方向最重要的影响因素，包括社会发展对英语的需求，国家的教育方针、政策、经济发展水平、科技水平及人文因素等。

（2）学校环境是英语学习的主要教学环境，直接影响着学生的英语学习时间、学习积极性、学习方式、学习成果等。它主要包括课程设置、教学设施、教师水平、周围同学的学习氛围、是否有英语应用的环境和机会等。

（3）个人环境也是影响学生英语学习的重要因素，主要包括个人对英语的兴趣、与周围同学的关系、家庭成员的文化程度、学习辅助工具和设备等。

（二）教学环境对学生学习情况的影响

由于英语是语言学科，需要在生活中应用，与外部环境的人联系非常紧密。因此，良好的英语教学环境对学生的英语学习非常重要，主要体现在以下几个方面：

（1）教学环境中的社会和学校因素能否起到引导和鼓励的作用，影响英语教学能否理论与实践相结合，能否引进先进的教育理念，改进教学方法。

（2）教学环境中的社会因素是否具有英语应用的场景，影响着学生能否在日常生活中实践应用学到的知识、激发学习兴趣及巩固对知识的理解。

（3）教学环境中学校、教师等因素影响着学生英语学习的气氛和心理状态，教师恰当的引导和轻松、愉快的氛围能够培养学生主动学习、善于表达的能力。

（4）教学环境中的个人因素会影响学生能否以正确的学习态度、适合自己的学习方法，来消除学习过程中的负面因素影响。

（5）教学环境中的学校能否提供良好的教学设施和学习资源，影响着学生的视野和知识面。

（6）教学环境中的教师和学生个人因素，影响着学生学习习惯的养成和终身学习的实现。

第三节　英语教学的过程原理

一、英语教学过程原理的依据

教师在设计或开展教学活动的过程中，要考虑到教育目标、知识内在逻辑和语言技能发展的适切性，以及学生英语学习规律的适切性。只有在兼顾这三个方面的情况下，才能保证英语教学过程的整体适切性，促进学生成长。当然，大学英语教学在这三个方面都有相关的内涵。

（一）教育价值依据

教育价值依据回答的是"这个时代需要培养什么样的人"的问题。从时代所要求的人的规格与特质而言，英语教学改革的育人观与其他学科教育或教育活动的育人观有共通性的一面，也有其独特的理解。

（二）学习机制与心理逻辑

学习机制回答的是"英语作为外语学习的发生机制及其规律是什么"的问题，主要包括英语学习的本质和英语学习的运作两个方面。科学的英语学习机制的建立是英语学习高效和成功的重要保证；反之，英语学习效率不高，甚至最后失败，则往往与学习机制存在问题有关。例如，有的教师简单地把英语学习等同于母语学习进行教学，或把英语学习与母语学习截然分开；或片面地把英语学习归结为记忆，而忽视交际实践，或只重视交际实践而忽视记忆；或只求质量，不求数量，或只求数量，不求质量；或只重口头，不重书面，或只重书面，不重口头；或强调熟练性，而不注意灵活性，或注意灵活性，而不重视熟练性；或一味苦学，而无巧学，或只想巧学，而无苦学基础……凡此种种，可以说都是学习机制的问题。学习机制出现问题，学习就会失衡，英语学习时间和物力消耗不少，但学习效果却不好。这种情况在英语学习中相当普遍，说明英语学习实践同其他任何人类实践一样，必须要有一定的理论指导。对任何一个想学好英语的人来说，学习一定的英语学习理论是必要的。

英语教学研究对我国学生英语学习的本质及其机制有着自己的理解，具体如下：

1. 英语学习时的大脑活动

大脑功能的理论，以及英语学习的科学实验与实践都表明，一般的英语学习效率可以成倍地提高，甚至可以提高几倍、几十倍，关键在于英语学习要按大脑活动的规律进行。举例来说，大脑的基本功能是兴奋和抑制，而单调的刺激时间一长，不仅不能引起兴奋，而且会导致抑制。因此，在英语学习中只采用一种形式、一种方法，不如采用多种形式、多种方法，并交替使用，使大脑所接受的刺激经常变化，使大脑总是受到挑战，处于兴奋状态，学习才有高效率可言。从这个意义上说，英语学习中的各种方法都是可以使用的，关键取决于这种方法能否刺激学生的思维，是否用得适度。对于翻译法、直接法、听说法、阅读法、交际法、认知法及语法学习、结构学习、功能学习、话语学习等，都要持科学态度，或综合使用，或变换使用，使之各司其职，各得其所。

2. 英语学习时的心理活动

英语学习一方面同感觉、知觉、表象、记忆、思维、联想等因素密不可分，另一方面又时时受到动机、信心、兴趣、情感、意志、注意等的制约，同时学习者的个性对学习也有重要影响。正如在生理方面英语学习是大脑左右半球的协调活动那样，在心理方面，英语学习也应该是智力和非智力因素的协调活动。在学习中，各种因素充分发挥积极作用，学习效率就会提高；一个因素出现问题，学习效率就会降低。英语学习效率不高的人需要进行心理调整，甚至心理治疗，并非离题之言。

作为完整心理活动的英语学习，还包括知识、技能和熟练技巧。三者的统一与转化，一方面要通过内在的理解、意会和领悟，另一方面要靠外在的操练、练习和实践。理解、意会、领悟、操练、练习和实践是同步发展和提高的，如果脱节，就会影响学习效果。提高英语学习效率的重要途径之一，就是保持外部动作和内部心智的统一，使英语学习心理活动的完整性体现于各个方面。

3. 英语学习时运用的规律

要学习好英语，就要对英语规律进行认真探究，从而在本质上深层次地把握英语，把英语学习由技能训练提升为规律性认识。掌握了规律，就能更透彻地了解事物，就有了更多的自由，学习也就能够举一反三、闻一知十。所以，学习不能归结为简单的刺激反应行为的形成，或纯模仿，或纯记忆。

语言统计学表明，幼儿如果只凭记忆、模仿、刺激反应联结，是不可能学会母语的。因为一种语言能生成的句子数量可以说是无限的，如果一句一句地去学习，一个人一生中也只能学极小的一部分。人能学会母语和多种外语，最终还是要靠理性、智力和认知，靠本能地或自觉地对所学语言进行归纳与总结。学习英语，更应该如此，思考得越深，发现得越多，英语学习的效果就越好。有一位英国古典语言学家，他掌握了古希腊语、古拉丁语，还学会了法语，当然也会英语。在一次意外事故中，这位语言学家大脑受伤，得了失语症。但后来经过治疗，他又恢复了语言能力，而四种语言恢复的顺序却很值得思考。最先恢复的竟然是古希腊语，其次是古拉丁语，再次是法语，最后才是英语——这位语言学家的母语。这个例子说明，对一种语言研究得越深，印象也就越深；同时也说明，通过书面形式学习一种语言，其效果不但不比通过口头形式学习的差，甚至有可能更好。因为古希腊语和古拉丁语早已是人们不再说的语言，只在古文献中保留了下来，那位语言学家学习这两种语言，只能通过读和写。

英语学习是研究活动，不仅指探索语言规律，也包括探索文化和科学，当然是通过英语进行探索。因为通过英语解决问题，使用英语解决问题，比使用英语做事，更能促进学习者对英语的掌握。在前一种活动中，学习者动脑的强度要比在后一种活动中大得多。因此，只一般性地提倡用英语交际，用英语做事，对学好英语是远远不够的，还应该强调用英语研究和探索，用英语解决问题，这样才能抓住英语学习的实质，取得英语学习的成功。

4. 英语学习时的审美活动

英语学习除了是用脑、动脑的认知性活动外，还是一种审美活动，这源于语言的本质。语言不只是艺术创造的重要形式和手段，其本身就是重要的审美对象，是人类普遍创造的艺术品。这表现在英语的语音、语法和词汇都具有和谐美上。在语音方面，不但有单音节的对称，如长、短元音和清、浊辅音，而且有语流的轻重、高低和节拍。在语法方面，进行时态与完成时态的对仗极为工整，给人以美感；比较级和最高级也是如此。在词汇方面，write—writer，read—reader，listen—listener 和 speak—speaker 等，同样给人以和谐的美感。学习时，只要用心体验，就能受到感染。

为了提高英语学习效率，需要加强对英语的整体审美。在听时，首先要听语句的节奏、节拍、高低、升降等，受到整体的语音语调感染，形成完整语句的声音形象，达到"余音绕梁，三日不绝"的程度。同时，把音感和义感密切结合，把意义感和形象感、情景感密切结合，以求进入立体化听、理解、感受和储存的境地。这样听，有的可过耳不忘，甚至可永远不忘。

朗读和说与听一样，在练习时也应该首先抓住语流的整体节奏、旋律，表现英语特有的和谐美感。同时，对所读和所说的内容要有个人的独特体验，有思想和感情的凝结与流露。这样练习，既会给他人以深刻印象，更会使自身受到自我感染，学习效率自然会有所提高。

从英语教学的角度而言，如果要引导学生在审美体验中学习英语，在教学中就要运用各种手段和形式，如英语诗歌、歌曲、戏剧、小说、电影、录像、故事、图片等。当然，在这里对学习起助推作用的不只是艺术形式，还有艺术内容。学唱英语歌曲，朗读、背诵英文诗歌，表演英语短剧，阅读英语故事等，其内容都应该与学习者的思想、感情、气质、修养等合拍，能引起共鸣。这样，学习者就会很快进入艺术再创造的角度，在不知不觉中掌握英语，而且熟练牢固。因此，从心理学角度看，审美学习的实质是潜意识学习。而潜意识学习如今又被证明是学习能量最大、最值得和最迫切需要开发的一个领域。如果在英语教学中注意加强这方面的努力与研究，那么学生英语学习的效果也会使我们超乎意料。

（三）语言的内在结构与逻辑

英语教学要遵循知识的内在结构与逻辑。例如，阅读学习的基本程序是字母认读、音节拼读、单词拼读、词组认读、句子认读、句组认读。读的单位逐渐加大，读的速度逐渐加快，阅读理解逐渐加深，阅读目标逐渐提高。又如，单词拼读学习的基本程序是元音、辅音单独读，再一起读，整体拼读，快速整体拼读，自动化闪电式整体拼读。拼读的技能一步比一步熟练，拼读的目标一个个实现。从以上两例中可以看出，随着学习顺序的明确，学习目标自然也更加明确和具体，学习者对英语学习活动的驾驭也因此更加容易。

二、英语课堂教学的结构系统

英语课堂教学是语言教与学活动展开的复杂过程，是在教师、学生的双边交往互动中，以语言知识为内容、以语言技能为师生间交往的言语载体、以学生语言理解能力的形成为目的的多系统交互推进的过程。由此可以看出，英语课堂教学是由语言知识系统、语言技能系统、教学过程系统和学生认识系统构成的复杂的结构系统，四个结构系统间相互交织、彼此依存，又具有内在的逻辑特征。具体而言，可将课堂教学分为以下四个结构系统：

（一）知识结构系统

英语语言知识的内在结构是成系统的，其知识结构的解剖特征如下：

（1）从简单到复杂。例如，就语言知识的词汇、句型与文化看，词汇从名词、动词到形容词等，句型从基本句型到变式句型等，时态从现在时到过去时，再到将来时等，语态从主动到被动等，文化知识从小到大等。从语言知识学习的顺序与转化关系看，从词到句、从单句到句组、从句组到语段、从语段到语篇。这样在中小学各年级间，语言知识系统的形成在多个层面之间是既不断复杂化又相互交织的关系，但语言知识系统整体上是有序的。这种知识的有序排列，便是教学内容顺序展开的知识依据。

（2）从少到多。例如，小学阶段的写作技能从写字母、写单词、写句子、写语段到写语篇，再到写各类文体性的语篇，量与篇幅都是逐步增加的。

（3）由具体到抽象。例如，词汇学习是从名词、动词、形容词、副词到介词，由实到虚。这些知识系统的层次性特点，都是教学顺序和层次的内在依据。

（二）语言技能系统与认识结构系统

1.语言技能系统

语言技能系统是指听、说、读、写既自成系统，又相互交织。从一堂课的各环节看，语言技能中的听、说、读、写也是随着教学过程的推进而变化的。一般而言，教学导入环节和教学新授环节是以听、说为主，其中渗透部分语言点的读或写的要求；在教学综合性输出环节，读写比例开始加强。只有这样，课堂教学的语言技能要求才可能在不同层面上得到落实。一些教师常常在教学的各个环节只是运用听与说，这是偏颇的，不利于学生对语言形式的掌握。有些课堂教学，虽然学生的发言质量很高，但一接触到读写要求，便出现明显下降的现象，与这种情况不无关系。

2.认识结构系统

认识结构系统是指学生的语言学习是一个有序的发展过程。儿童起初每句话只有一个整词，对此不太精确的说法就是单词句（one-word sentence），以后才有了词和句子的概念。在其后的阶段，一个词的句子拓展为包含第二个成分。与此同时，语法的第一次区分开始出现，一方面是词和词的结构，另一方面是主要的词和附属词，如 it ball，more ball，there ball 和 little ball。许多学者在这里就想到了述谓结构，但是把这种结构解释成单个的、语境决定的谓语，只是很肤浅地拓展了谓语一词的意义。短语 little ball（小球）与 the ball is little（球很小）相去甚远。形容词主要的、无标记的功能绝不是做表语，而明显的是做定语。只是到了语言习得的后一阶段，即第三阶段，"主语＋谓语"的简单句子才得以出现。

一个有趣的例子可以说明这些时间顺序上的关系。英语中有三个同音异义的后缀，都有 / z / 的发音，这些音会在某些固定的条件下经历一些较固定的变化。这一后缀形式有三个不同的意义：第一，表示名词的复数（cooks，复数）；第二，表达所有关系（cook's hat，厨师的帽子）；第三，动词第三人称单数的变位形式（mummy cooks，妈妈做饭）。首先是利用这一后缀表示复数词尾，其次用它表示所有格，最后用它表示第三人称单数的变位形式。道理很明显，在区分复数和单数的时候，只是涉及词；在使用所有格形式的时候，涉及一个完整的短语；当涉及动词人称形式的时候，问题就涉及谓语与主语的关系，因而整个句子都受到影响。

语言的这一发生系统说明，在英语教学过程中要基于这一特征开展教学工作。

（三）过程结构系统

中国有句古语"行成于思，毁于随"，说的是行动要成功，必须经过周密的思考，随随便便行动就会失败。对英语教学而言，也应注重用科学的方法加以组织。每一个步骤都是对上一个步骤的反馈，同时又激起下一个步骤的反应，如此步步相连，一步接一步，直到达到某一环节的目的，而每一个环节也同样与上一个环节和下一个环节有反馈和反应关系，环环相扣，直到达到某一阶段的目的。

和以往的教学结构一样，英语课堂教学的基本过程结构也由三部分构成：导入、教学中和教学后。但由于价值理念、教学思想过程的理解不同，英语课堂教学结构在每一个环节都呈现出独特性来。

1. 开放式导入的过程结构

开放式导入在英语课堂教学的展开过程中有着重要的意义，它犹如乐曲中的"引子"、戏剧的"序幕"，起着酝酿情绪、集中注意力、渗透主题和带入情境的作用，不同于准备活动（warming-up）。准备活动的功能在于引起学生的学习动机和注意，使学生进入学习的准备状态。但开放式导入的功能并不止于此，精心设计的导入能抓住学生的心弦，立疑激趣，能促成学生的情绪高涨和智力振奋的状态，有助于学生获得良好的学习效果。

2. 新语言输入的环节

话题展开与理解性语言输入环节，即新语言输入的环节。这个环节不是机械的语言输入，而是师生互动生成的过程。它与教学过程开放度的大小密切相关。

英语教学是促进学生整体生命成长的过程，是学生从无知向有知、从知之不多向知之较多、从知道不全面向知道较全面逐渐过渡的过程。因此，英语教学要求学生主动参与，尤其是学生思维的主动介入，并形成创造性的思维。当然，由于每节英语课的教学目标及具体的课型都不一样，因此，如何处理每堂课的教学推进过程也不一样。

教师经常会形成自己课程的习惯性结构框架，尤其是有经验的教师，一般都有自己的教学风格和课堂常规，能够面对不同的课型灵活采用不同的教学策略。事实也表明，结构相对类化的教学课结构有利于学生学习，一旦学生熟悉不同课型的教学过程结构，就可以随着课程的推进较熟练地与教师配合，知道应当做什么和将要做什么。当然，将一节课划分为许多次级教学活动，教师还需要考虑到两种次级教学活动之间的转换关系。在许多外语课堂上，特别是在开展小组交流和两两结对交际的课堂上，根据不同活动重组的活动频率更高，因此，如何处理好环节间的转换，其意义更为重大。

技能熟练型的教师往往能够轻松自如地进行教学环节间的转换，尽量减少因环节转换而带来的教学的生硬性；而技能陌生的教师则恰恰相反，其往往会将前后环节的顺序搅乱，不能关注环节间的转换问题，或是过度运用转换而致使课程的紧凑性不够。因而，有效的教学环节转换有助于维持学生的注意力和加强活动联系的紧凑性。教师处理教学转换的方式有多种，相互协商、调整教学焦点或开始一个新的片段等都不失为良策，具体要采取何种措施，主要依赖于转换的性质。例如，让学生从个体学习转换为小组学习要比讨论两个话题的转换容易些。教师必须考虑许多决策方式：①当由个体学习转换为小组学习时，如何保持课堂教学的连续性；②不同活动间学生将做什么；③什么时候该告诉学生某项教学活动的目标。

在课堂教学推进的中心环节，有四点需要加以注意，并应当始终坚持：

第一，教学活动的目的性，即在英语课堂教学中，要有目的地运用变化技能。教师掌握变化技能的各种要素，灵活地运用变化技能的各种类型，都是为了更好地实现和完成英语课堂教学的目标和任务。脱离课堂教学的目标或与教学内容关系不大的任何变化只能使学生更加糊涂，分散学生的注意力，达不到促进学习的作用。

第二，教学活动的意义，即教师在课堂教学中无论采用何种教学方法，都应尽量根据学生的能力、兴趣、背景知识、学校情景、英语学科、所教课的题目及任务的要求来精心设计，使教学活动在有意义的情景中开展。

第三，教学活动连贯、有层次、有递进，即在教学环节的推进过程中，教师要注意环节转换的自然、连贯、递进，逐步提升学生的思维水平，并保证学生的注意力和学习不因教学环节的变化而受到负向干扰。

第四，教学活动的生成性，即教学新语言点的出现不是教师空降给学生、学生简单接受并不断操练与应用的过程，而是在学生的原有经验上逐步生长出新知的过程，是学生在运用、发现和体悟中不断丰富和深化的过程。

这样设计的教学过程不仅有利于提高英语教学效率，也有利于提高学习者的整个个体生命质量。人对自身生命的思维，第一层次是想长寿，第二层次是想高效。因此，效率思维在人的整个生活中的价值是极高的，生命价值等于生活效率，生活效率等于效率思维。英语教学效率思维应该一方面着重外在的学习活动，另一方面不忽视内在的心理活动，内外结合，不断进行应变调整。

外在学习活动的思维基本上有两个方面的内容：①关于首次学习材料的智能性和学习者个人性的加工；②关于练习和复习目标的到位与升位的连接与转换的契机。在英语学习中，不管是词、句、文的学习，还是语音、语法、语义规律等的学习，在首次学习时，学习者都不能是被动地接受，而要主动地对所要接受的语言进行智能加工。这种加工可以是进行新的概括，对词和句重新分类，也可以是进行新的推导，如大胆试用构词规律构造新词，或试用句子模式造句，以及活用课文结构作文。只要在首次学习中开动脑筋、进行思索，在接受中有所创造，学习效率就会提高，记得活、用得活、将死记变为活记，将模仿提高为创造。

在英语学习中，练习和复习的时间与精力占的比例很大，是英语学习中的主要活动。练习和复习效率高，意味着学习效率也高。因此，英语学习的效率思维必须把练习和复习作为重点。在这方面，效率的提高既同练习和复习的到位有关，也和练习与复习的升位有关。所谓到位有两种解释：①练习和复习要抓住重点和紧扣关键；②练习和复习要达到巩固、熟练和练活的目的。例如，口语对话练习的难点不只是提出问题，还要听懂问题，因此，一方面要把提问作为重点来练习，另一方面也要把听问题作为关键来练习。再如词汇复习，在句子和课文中复习频率低的词比较容易忘，要作为复习的重点，而典型词的结构和转义的用法能起到举一反三的作用。在关键处下足功夫，可以保证学习之路畅通。

英语练习和复习要有效，就必须达标，技能要达到熟练且灵活，知识要达到巩固且系统。熟练的标准是快速流畅，灵活的标准是结构变化与层次意义的深化，巩固的标准则是知识联网与快速重现。由不熟到熟、不活到活、不牢到牢，属于练习和复习的到位。但效率思维如果只考虑到位问题，那么思维依旧是片面的、不够系统的。以到位为内容的效率思维，需要以升位为内容的效率思维来补充。练习和复习的升位，指的是每一类、每一种、每一项的练习和复习在其临近到位之前，在综合度、复杂度、难度上的适当提升。例如，以句子为单位的句型练习达到一定程度时，就要提升到以句组或话语为单位的练习；或同一水平的话语听力练习达到一定程度时，就要提升到有听有说，或听一段后说，或全部听完后说的练习。

练习和复习若只求到位，则属于静态性的练习和复习；而若也求升位，则属于动态性的练习和复习。静态性的为单一目标，动态性的为综合目标，前者为一举一得，后者为一举两得，甚至多得，效率自然会提高。因此，英语学习的效率思维既要把练习和复习到位加以周密计划，也要将其升位予以细致安排，达到这一点，就可以说效率思维到了位和升了位。

3. 语言能力形成与语言综合的使用环节

话题拓展与开放式语言综合输出环节是语言能力形成与语言综合使用环节。这个环节不是巩固新语言的简单、线性操练，而是面向学生已有所有语言存储状态的开放式、综合灵活运用的环节，同时也是进一步形成新的语言认识的环节。

与传统将课堂教学结束环节用来做练习巩固知识，或是教师简单地就一节课做总结、整理教学要点的做法不同，"新基础教育"英语课堂教学结束环节仍然是开放式的，目的是让学生在经过核心教学过程的推进环节之后，进一步经过2～3个小步骤，由小开放到大开放地设置一些教学情境，让学生在小开放性的教学情境环节能够基本上将本课所学习的内容做进一步的综合与巩固；而在大开放性的教学环节中，超越本节课所学的内容，灵活地根据语言情境自如地运用英语知识与技能解决问题或交流思想。因而，这个环节与前面的教学环节是密不可分、环环相扣的，能对前一环节所掌握的语言点起到综合、提升与巩固的作用。

第四节　现代英语教学的原则

一、以学生为中心的教学原则

该原则要求教师从以下三个方面着手：教材分析，教学方法和手段的选择，教学活动的设计与组织。

（1）教材分析要以学生为中心。教师在分析教材时，应在理解和掌握教学内容的基础上，针对学生不同阶段的学习能力和实际情况，将此作为教学任务和教学目标的依据。同时，教师应合理有效地利用教材，使教材内容转变成问题的衔接和师生之间的交流。根据学生对教材内容的理解，对教材内容和教学活动进行心理化和最优化的加工处理，将学生对教材的经验和体验相结合。

（2）教学方法和手段的选择要以学生为中心。在教学过程中，教师应以学生为中心，适应学生的直觉思维特点，通过灵活多样的教学手段，直观的教学方法即视、听、说等来激发学生的参与，提高学生学习的积极性，还可利用形象化的教学方法如幻灯、投影、模型、录音、图片等，使学生真正理解感受和理解语言，积极主动地参与课堂学习，强化记忆，同时达到最优的学习效果。

（3）教学活动的设计与组织要以学生为中心。教师在准备与设计教学活动时，应当充分了解学生的情况、知识结构层面、学习动机及学习兴趣的状态，以确保教学活动有目标地、形式多样地、内容全面地进行，在提高学生学习积极性的基础上，使教学目标得以顺利实现。

二、交际性的教学原则

英语是一种交际工具，在学习英语时要力求学以致用。

第一，教师在教学活动中应运用灵活多样的方式来进行实践练习，如机械性操练、意义性操练和交际性操练等。机械性操练是对课文中的情景通过模仿和问答的形式来进行练习，这属于句型操练。意义性操练是在机械性操练的基础上，学生独立运用语言材料进行有意义的交际活动，主要包括替换练习、角色表演、自由会话、小组讨论、情景表演等。交际性操练就是利用文中的语句来表达自己的思想情感。这三种方法是循序渐进地接近语言交际的过程。因此，教师在教授新的课程时，也应该遵循机械性操练—意义性操练—交际性操练这一过程，最终使学生理解和掌握新知识。

第二，不管在课堂教学过程中还是在课外活动中，教师都要有意识地为学生创造讲英语、用英语的机会。例如，在讲解词语、语法，组织教学，考核，布置作业或者学生请教问题等时都可以用英语，把英语运用到生活中来，养成良好的语用习惯。

第三，在英语教学活动中，应当处理好语言实践和语言知识之间的关系。语言实践在英语课中占主导地位，课上大部分的时间都是在进行语言实践的练习；对语言知识的讲解则处于次要地位，教师应参考语言实践和教学目标的需要来对语言知识的范围、深度、方法进行讲解。

第四，在英语教学活动中，语言操练和语言交际是两种教学形式，因此教师应清楚并处理好二者的关系。语言操练的重点在于让学生掌握语言的形式，这是培养学生语言交际的必经之路；而语言交际是为了使交际双方相互了解，重点在于语言形式。在英语学习过程中，语言操练和语言交际都非常重要，前者是后者的基础，二者没有分界线。

第五，在英语教学活动中，教师应帮助学生树立"英语是交际工具"这一思想，并用这一思想来引导学生学习英语，把交际带到课堂教学过程中来。同时，在上课时，教师要培养学生用英语交际的能力，鼓励学生反复练习，教师也要根据不同的时机来实时地创造交际情景，给学生提供真实的英语交际机会。

三、真实性的教学原则

教师在英语教学中，要做到语用真实，应了解并做到以下四个方面：

（1）把握真实语言运用的目的。培养学生的语言能力是英语教学的最终目的，实际上就是指语用能力。培养语用能力方面的教学目的就是语用目的，主要表现在三个方面：①语句的语用功能目的；②对话语篇的语用功能目的；③短文语篇的语用功能目的。

（2）采用语用真实的教学内容。教师应从语用的角度开始英语教学，对英语课文进行剖析，详细地研读，保证语用教学的教学目标，准确把握文中的语句内涵，选用真实的例句让学生进行练习，让学生真正获得英语运用能力。

（3）设计组织语用真实的教学活动。教师应把培养学生的语用能力作为设计教学活动的出发点，运用讲解、释例、训练等，将培养学生语用能力与课堂教学活动紧密结合起来，贯穿于整个英语教学过程。

（4）设计语用真实的教学检测评估方案。语用真实在教学中具有十分重要的作用，不仅能够让学生掌握真实的语用内涵，还能使学生在英语运用方面的能力得到提升。所以，教师需要定期对教学成果做出评估和检测，以此来反馈学生的学习情况，从而对教学活动和教学目标及时地做出调整和改进，进一步检查学生在英语学习方面存在的不足。因此，在教学过程中，教学检测起着重要的作用。

四、输入优先的教学原则

输入是指学生通过听和读的形式来学习英语语言材料，输出是指学生通过说和写的形式来进行语言表达。权威心理学研究资料表明，输入是第一性的，输出则居第二性，由此可以得出输入是输出的基础的结论。

语言输入在英语教学过程中起着尤为重要的作用，对英语教学要以输入优先的教学原则来进行。

第一，教师在英语课堂上要充分利用形象直观的教具，如图片、文字、声音等媒介，为学生提供形式多样、内容丰富的语言材料，使学生尽可能多地接触英语。

第二，教师应注重学生的理解力，对理解性强的资料的输入，可以鼓励学生听和读，而不要求他们说和写。因为听和读是掌握语言的基础，所以理解材料才是最重要的。

第三，教师在对语言进行输入的同时，应该对输出进行检验，以输出巩固输入，促进语言的输入。

第四，教师在组织教学活动中应鼓励学生模仿，模仿有助于学生对语言的掌握。教师应积极地引导学生来模拟现实生活中的真实场景，并将其表达出来。

五、发挥母语作用的教学原则

英语对我国的学生来说属于第二语言，虽然强调让教师在课堂教学过程中尽可能多地使用英语，但是这并不意味着要放弃使用母语。为了使学生更好地掌握英语，在英语教学活动中，教师要利用母语的优势，减少母语的不利影响。因此，在教学过程中，教师应做到以下两点：

1. 充分利用母语的优势

在熟练掌握母语的基础上进行英语语言的学习活动。英语和汉语在语法结构和使用方法上既有相同的部分，也有不同的部分，然而学生在学习英语之前对母语中的时间、空间及地点等意识已经在脑海中形成，已经掌握了母语的语言手段，因此学生学习英语的障碍往往来自这些不同点。这个时候就需要教师充分发挥母语的优势，运用母语来对这些不同点进行解释，帮助学生了解英语的一些学习规则和语法结构特点，以更加方便学生和教师之间的沟通交流。

2. 减少母语的干扰

对母语的适应和使用习惯往往会给英语的学习带来障碍。在英语教学过程中，教师适当地使用母语，让学生明确母语和英语在某一特定结构上，或者是某一语法结构上是有差异的，这有助于让学生明确母语和英语在使用上应该注意哪些问题，避免把母语的使用规则和英语的使用规则相混淆，减轻母语的干扰。因此，外语的学习是一个复杂的过程。

六、提高学生学习兴趣的教学原则

"兴趣是最好的教师。"为获得更好的教学效果和学习效果，在英语教学活动中，教师应充分调动学生学习英语的积极性，让学生对英语产生兴趣。因为一个人的兴趣能激发其内在的动力，使他们喜欢学习、乐于学习。在英语教学中，教师应从以下几个方面着手：

首先，教师在教学活动中应该了解学生的特点，发挥学生的主体性。每一位教师都明白，学生才是英语教学活动的主体。教师在英语教学过程中应遵循语言学习的规律，采用灵活多样的教学方法，使学生在学习英语的过程中形成语感，提高英语的实际交流能力。要根据学生的个性差异特点，培养学生的英语学习兴趣，让学生参与实践和体验，主动尝试和创造，从而获得对语言的认知和语言能力的掌握。

其次，语言的学习基础是通过死记硬背和机械操练来形成的。但是，这种传统的英语学习方式一旦过度，就会适得其反，让学生对英语语言的学习失去兴趣。因而，教师在英语教学活动中，应注意观察学生，对学生进行学习评价，帮助学生找到感兴趣的学习方法。教师应以提高学生的综合素质为前提，鼓励学生的课堂参与，激发学生的学习积极性，提高学生的语言交流能力。因此，死记硬背、机械的教学方法和传统的英语测试方式将不再适应英语教学。

最后，深度挖掘教材。教师在进行教学活动前，应对教材有一个整体上的把握，认真研读教材，挖掘教材，用教材中学生感兴趣的内容来调动他们的积极性，使每节课都在轻松愉悦的课堂氛围中进行。

第二章　文学修养的由来

第一节　文学的含义

"文学"一词最初的含义，指的是文章和博学，依据现存的文献资料，其最早出现在孔子的《论语》当中，指的就是文章和博学，被划归到孔门四科当中："文学了游、子夏。"到后来的《魏书·郑义传》这样说道："而羲第六，文学为优。"在这里，文学指的是有一定文采的语言作品，这也是今天意义上的文学；与此同时，文学指的也是人的博学，这就是今天意义上的学时和学术，比方说哲学、历史和语言等。在这里可以看到，"文学"一词在中国出现，初始就凸显了"文采"的含义。与此同时，文学起初应用的时候就具备了学时的含义，依据这一观点，但凡是富有文采的作品和显示自身渊博学识的作品，都可以被称为文学。

自魏晋时代开始，文学就逐渐开始将"博学"这一层含义剔除出去，专注的是用富有文采的语言将自身的情感表达出来。因此，就形成了一种比较狭窄的含义，文学指的是有文采的缘情性作品。魏晋时代，具体来说就是在公元5世纪，南朝宋文帝构建"四学"，其中包含的是"儒学""玄学""史学""文学"，这是一个较为重要的标志性事件："文学"自此从广义文学大家庭中分离了出去，并将非文学形态甩开得到独立发展，将自身的特殊性确定了下来。这种特殊性大致和今天的"语言性艺术"含义是一样的，虽然说当时没有使用到"艺术"这样的字眼。也就是说，文学实际上被当成是具备语言性的艺术性质。以此为基础可以了解到文学的另外一个含义是单一含义，文学指的是那些将表达情感作为主要内容并且具备一定文采的语言作品。

我国古代，"文学"一词的含义并不是固定不变的，一般都和学时，甚至是全部语言性作品之间有着较为复杂的关系，其最初展现出来的"博学"含义并没有随着"缘情"特征而凸显出来抑或是消失，在社会文化语境和特殊需求提出的情况之下也会复活，甚至在某些情况之下会占据主导地位。

自两汉时期开始，文学领域"有文采的语言作品"和"博学"的双重含义就开始被分解开来，人们逐渐将"文"和"学"、"文章"和"文学"区别开来，将今天意义上的文学当成是"文学"或者"文章"，将学术著作当成是"学"或者"文学"。与之相对应，魏晋六朝时人们也提出了"文"和"笔"之间的差别。唐宋之后，"文"和"学"之间的界限变得不是十分明显，"文以载道"或者"文以明道"的思想开始传播。广义层面上的文学观也因此具现化，韩愈倡导的文学传播的是"道"抑或是"古道"："愈之志在古道，又甚好其言辞。"他反对过去那种一味重视"言辞"（大致相当于今天的"文采"）的时风流弊，强调文学传达的实际上是儒家的"古道"。"读书以为学，缵言以为文，非以夸多而斗靡也。盖学所以为道，文所以为理耳。"假如说"学"（学术）的目的是为了将儒家之道表达出来，那么与之相同，"文"（文学）的目的就是为了传达"理"——儒家之道的具体化形态。"文"和"学"就是在"道"这个基准点之上融为一体的。柳宗元更是直接强调"文以明道"："始吾幼且少，为文章，以辞为工。及长，乃知文者以明道，是固不苟为炳炳烺烺，务采色、夸声音而以为能也。凡吾所陈，皆自谓近道，而不知道之果近乎，远乎？吾子好道而可吾文，或者其于道不远矣。"他反思自己年轻的时候片面地将文辞以及文采放置在较为重要的地位之上，随着年龄的增长，逐渐认识到了"文以明道"才是文学写作中最为重要的一件事情。他指出："余惧世之学者溺其文采而沦于是非，不得由中庸以人尧舜之道。"他坚持认为如果沉溺于"文采"就会阻碍通向"尧舜之道"。这样，从唐代起，文学中"言辞"及"文采"受到抑制而"明道"成为最高目标，这就为消除文学与非文学之间的分野铺平了"道"。正由于"道"的主宰作用，"文"与"学"在"道"的基点上重新消除了差异，"文章"与"博学"两义再度形成统合，从而"文学"又在新的语境中重新复活了先秦时代的原初含义。从此时起到清代，这种学术意义上的文学概念一直被沿用。清末民初学者章炳麟的观点，可以说代表了这种广义的文学观的一种极致。他坚持认为："文学者，以有文字著于竹帛，故谓之文；论其法式，谓之文学。"在他看来，"文学"一词应当具备这些含义：但凡是以文字形式呈现在竹帛之上，就叫作"文"；而讨论"文"的规则和法律，就叫作"文学"。在这里不单单较为明确地将文章和学术含义呈现在人们的眼前，并且将其无限地放大到了凡"著于竹帛"的所有文字形态。这也就意味着，人类创造出来的所有文字记载的语言性符号都可以叫作文学，以此为基础让文学成为包含文章和学术在内的所有文字作品的统称。但凡是用语言制作出来的作品都可以叫作文学。其基本上包含了人类创造出来的所有语言性符号：口头语言、文字及其衍生出来的诗歌、散文、小说等历史作品。文学既可以指富有表情的语言性作品，也就是今天的文学，也可以指传递孝悌的日常言谈、记载事物的史书、说理论事的学术著作等，并不是今天狭义上的文学。这种涵盖全部的广义层面上的文学含义，和现代西方语言学以及符号学当中的"语言性符号"一词含义大致相同。因此，文学在广义层面泛指的是人类创造出来的所有语言性符号，其中包含今天的文学和非文学。

　　进入晚清，西方学术分类机制进入我国，在我国逐渐形成了现代文学术语，文学是一种语言性艺术。这个现代含义的来源是现代西方狭义文学观念和中国古代狭义文学观念在现代社会交汇之后得到的产物。也可以这么说，西方文学观念为文学提供类现代学术分类机制，但是中国古代狭义文学观念为其设置了传统依据。在西方美的艺术观念传入中国之后，中国魏晋之后具备文采的缘情性文学观念就逐渐被激活了，在此基础之上衍生出一种新的现代性文学观念。这个汇合点在两个层面上：第一，西方的"美的艺术"当中的形式美内含和中国"文采"之间的适应性比较强；第二，西方"美的艺术"当中表情性内含和中国"缘情性"内含之间是相通的。也就是说，来源于西方的形式美和表情美观念和中国固有的文采及缘情性传统观念之间实现了现代跨文化的汇通。所以，假如说仅仅看到西方的影响，但是却将中国古代自身的狭义文学观念忽视掉的话，那么想要对现代文学的含义以及由来形成明确的了解，其实是一件较为困难的事情。以此为基础得到的文学的现代含义是：文学是一种语言性艺术，是在对富有文采的语言加以应用的基础上去表情达意的艺术形式。

第二节　文学修养的含义

文学修养是一种内在层面上的修养，是在人类长期积累的过程中得到的，是在文字表达形式、写作技巧以及艺术创作等领域的学习和涵养。文学修养是素养当中的一分子，实际上，人们日常生产生活当中提及的"人文素养"，大致上可以划分为文、史、哲三个基本方向。文，就是文学修养；史，就是史学涵养；哲，就是一个人在哲学领域的见识和修养。在此基础之上，文学修养是人文素养领域当中不可或缺的构成成分，是一个人文学领域当中的底蕴和修养。

怎样才可以正确地理解"使看不见的东西被看见"呢？比方说，曹雪芹通过描述贾、史、薛、王四大家族的兴衰和宝黛之恋，向读者阐述了封建制度的腐朽，以及封建社会当中各个阶层的人民对自由爱情的追寻。施耐庵的《水浒传》通过阐述各个枭雄之间的"恶斗"，让读者逐渐对人性的惨烈形有了较为深入的认识；雨果在《巴黎圣母院》当中通过描述善良美丽少女爱斯美拉达、残忍虚伪的圣母院副主教克洛德·弗罗洛以及外表丑陋、内心崇高的敲钟人卡西莫多三个主要的悲剧，将封建王权和教会势力对善良且无辜人民的残害呈现在人们的眼前。艾米丽·勃朗特的《呼啸山庄》通过将弃儿希斯克利夫对庄园小姐凯瑟琳真实的"爱慕"和"扭曲了的报复"进行描述，将人性的反复无常充分呈现在人们的眼前。但是，这些"东西"并不是所有人在读书之后就可以看见的，而是需要使用到一定的理解能力、感悟能力和洞察能力，也就是需要在深刻的感受之后才可以拥有看见这些东西的能力，这也是在培养文学修养过程中需要使用到的较为重要的一项内容。

我国学者，比方说朱光潜、何其芳对文学的含义也有着独到的理解。站在他们的视角上，有关"文学修养"的论述，是需要将读者已经认识到什么是文学或者什么是文学作品充当前提条件的。以此为基础，二者重视"读者对文学的态度"以及"阅读鉴赏能力"这两个领域的内容。具体来说，他们认为，"文学修养"当中包含四个方面的内容：第一，可以明白什么才是作品；第二，了解到对文学的态度；第三，在阅读数量众多的作品的基础上形成一定的鉴赏能力；第四，经常阅读作品的情况下对人的人性、人情以及人道形成一定的了解和感悟。

综上所述，可以得出的结论是，文学修养其实就是人们在长期阅读和学习文学作品这种文学实践活动的过程当中，培养并发展起来的文学领域当中的一种学识性修养和综合能力，它将具备一定的文学能力作为前提条件，将"文学感受"和"文学情趣"放置在趣之上；与此同时也包含对作品、文学史以及文学理论等领域中的知识沉淀，最终的反应是对人的人性、人情和人道得到的直观感受。简单一点说，文学修养主要包含四个层面上的基本内容：文字能力、文学感觉、文学情趣以及文学熏陶。

"文字能力"，具体来说，就是对文字文义可以做到准确的掌握和应用，它要求相关的人员应当具备一定的语言表达能力以及对其他人话语准确的理解能力。想要得到比较准确的意思表达以及词语理解能力，一定要对最为基本的语法知识和文字表达能力形成一定的认识。一般情况下，基础的语法知识都蕴含在文字处理能力当中。我国古代，文人墨客创作文章时重视的是"炼"这个字，经常会为了选择一个字而苦思冥想，所以才有"语不惊人死不休"这种说法。这个"炼"字，培养的就是一个人的文字表达能力。

应当这么说，掌握最为基本的语法知识，是提升文字表达能力的重要前提条件和基础之一。文学语言本身具备一定的多义性和暗喻性。同一种语言符号中有可能包含各种类型的意境。在文学作品领域当中，一个单词或者一部作品的意义不单单指的是它们的形式，也指的是它们的含义或者意味。巴金的《灯》当中"灯"这个词语的意义，不单单指的是我国通常情况下理解的"灯"这个物品，也有"光明、温暖以及希望"等多种内在层面上的含义，这个字在作品当中有着极为浓郁的象征性意味。所以想要对作品形成较为深入的认识，并使自身的文学修养得到一定的提升，不但应对文字文义形成较为准确的认识，也应当将个人的"文学想象力"充分地发挥出来。这里所说的"文学想象力"，可以将其划分为读者的想象力和作者的想象力。读者的想象力，就是读者阅读作品的过程中对作品本身蕴含的语言拓展性的理解能力，读者通过作者的语言表达，对作品的各个细节和作品本身展现出来的独特世界形成一定的理解能力。而作者的文学想象力，是作者对作品当中蕴含的一个个细节的展现能力以及表达能力。需要注意的是，文学创作者的想象力应当被放置在一个较为重要的地位之上，不单单是比较谁更能编制和更能创造，谁可以在创造的过程中构建出一个光怪陆离的世界等，在此突出的是作品应用个性化的语言将作品的每一个细节展现出来的文字驾驭能力。实际上，不管是读者的文学想象力还是作者的文学想象力，都是在对语言加以一定应用的基础上，将文学细节展现在人们的眼前，并完成一系列复杂创作的过程。针对这个问题，培养文学想象力是提升文字表达能力的过程中使用的一种有效性比较强的措施。

其次就是文学感觉。文学感觉也就是审美素养，是将文学和哲学、历史和宗教等学科区分开来的一种重要因素。文学本身具备一定的审美意义，隶属于"美"的活动包含的范围之内，感受美、创造美，其本身具备的最为重要的社会功能就是让人们的审美需求得到满足。

文学的美当中包含的是形象美、社会美以及朦胧美。它是人与世界的情感的沟通和交流，是具备完整性的、美的内在意蕴和外在形态的融会贯通。在文学作品当中，语言符号不可以被当成是过路的过程中使用到的大桥，而应当被当成是文学的本体。文学感觉的标志和内容，是对文学意识表现形式的一种直观感知，是对作品内含的一种直观把握，在作品真善美三个层次当中，它的作用对象实际上是"美"，而不是真和善。作为一种审美领域当中的意识形态，文学最为基本的功能就是审美作用。这种审美功能的具现化表现是文学作品的艺术感染力。文学作品通过对对象进行艺术描写，构建出完美的艺术形象，以便将作者较为丰富的感情和深邃的思想呈现出来，在此基础之上，来为读者构建一种完美的审美感受。我国古代就有很多作家对这个问题形成了较为深入的认识。比方说在《与元九书》中，白居易就提到过"感人心者，莫先乎情，莫始乎言，莫切乎声，莫深乎义"，体现出来的是诗的作用在于首先将人心感动。绿天馆主人在《古今小说序》中提出了小说的作用其实是"捷且深"，这就是小说的艺术感染力引发的审美活动的结果，也是荀子在《乐论》当中所说的"夫声乐之人人也深，其化人也速"这个道理。近代大儒梁启超在谈论小说为什么可以产生各种类型的作用，指出来小说具备熏、浸、刺及提四种力量，其实介绍的就是小说的艺术感染力。

再次就是"文学情趣"。"情趣"一词的含义是"性趣智取、情调趣味"，也就是人们日常生活当中经常提到的"趣味"，它的含义是"让人愉快、让人感觉到比较有意思，有吸引力的特征"。"文学情趣"指的就是对文学作品的爱好。这是一种极为强烈的阅读兴趣和阅读渴望。在阅读过程中表现出来的是高度的专注力和痴迷性，甚至在某些情况下呈现出来一种手不释卷的态势。彼得·威德森曾经说过一段非常有意思的话语：

"文学提供愉悦：人们仅仅是喜欢读它而已，从中可以举出来无数的理由：失眠、好奇心以及打发时间等，指导发生的事情、欣赏文辞本身的优美，逐步进入未曾预见到的经验领域中去，猜测书中遇到的人物和自身的相似之处。或者根本没有任何可以举出来的理由：单单是喜欢而已。有理由认为，文学工作者会承认在所有科学、理论以及文学研究实践之后，一个偶然的'喜欢'是非理性前提条件之一。"

这种对文学的喜好，仅仅就是一种喜欢而已，并不会在乎什么利益。这种十分强烈的爱好肯定不会是凭空出现在人们的眼前，是读者可以在阅读的过程当中感受到较为强烈的审美愉悦感。众所周知，在较为优秀的文学作品当中，读者在阅读的过程中会在心理层面产生一种愉悦的感受。文学情趣除去是文学修养领域当中包含的较为重要的一项内容之外，也是文学修养不断得到发展的原动力。只有一个热爱文学的人，才会投入更多的时间、精力和专注力来完成文学作品创作，并在这个过程当中感受到一定的乐趣，在潜移默化当中，不断地让自身的文学修养水平得到提升。从另外一个层面对问题进行分析，"温煦情趣"其实也是一种对文学艺术价值水平高低的判断力、鉴别力，经常会表现为一个人对某种文学体裁以及风格的爱好。

最终，文学修养是可以表现为人之为人的人性、人情、人道的感受和感悟，文学意识的创造其实是文学艺术家的精神活动，作者本身可以在自由的心境当中，较为充分地将艺术想象力发挥出来，并构建虚构的艺术世界，将自身对人生和世界的理解和憧憬表达出来，逐步找寻出可以寄托心灵的精神家园。优秀的文学作品，一般可以让真正懂得文学艺术的读者在阅读过程中产生一定精神层面上的共鸣，并方便读者思考，潜移默化地将真善美等思想传输给读者。

第三节 文学修养培养的含义

近些年来，围绕着培养高素质复合型国际化外语专业人才的目标，教学领域中的研究人员在大纲修订、课程设置以及教材编写等领域开展了较为深入的研究。但是对人才培养水平造成影响的因素，除去上文中提及的这些因素之外，最不可以忽视的就是教师的专业素养，就好像吕叔湘先生提到的一样，说一千道一万，教师素质的提升才是关键性问题。英语专业教师是学科建设工作进行过程中的主力军，教师在实际工作过程中扮演的角色不单单是语言知识及技能的传播者，同时也是外国文化的传播人员，其本身的知识具体构成结构以及文学修养是教学改革深化程度提升的重要措施之一。英语专业的教师应当满足我国时代发展向前推进过程中提出的客观要求，逐步对工具性和人文性相结合的教学模式进行深入的认识，致力于将自身的文学修养水平提升，逐渐将语言的文学性和审美性放置于教学领域中，从而让学生个性化和多样化的知识需求得到满足，更好地为素质教育服务。

一、提升英语专业教师文学修养的重要性分析

文学是语言领域的一项艺术，一个民族的文学代表的是这个民族语言的精髓；语言反过来就是文学的媒介，语言的实用性和审美性在文学作品当中巧妙地融合在一起；语言和文学就是一对孪生姐妹，相互影响、相互促进，假如说将文学剥离出来去学习语言，就好像是无本之木、无源之水一样，孔子提到的"言之无文，行而不远"指的就是这个道理。伍铁平先生曾经提出："在传统的伙伴当中，和语言之间的关系最为密切的就是文学，文学是语言

的艺术，文学作品需要使用语言创作出来，通过语言对文学作品进行检定和评论过程也会涉及它的语言，因此针对一个民族的文学进行研究的过程中，一定需要这个民族的语言形成较为深入的认识。反之，一种语言最为精彩和丰富的作用也在文学作品当中有所体现。文学是语言使用当中的典范，在语言学习过程中提供了最好的榜样，也可以在语言研究工作进行中提供信息支持。"所以，在培养语言能力的英语教材当中，文学性应当是各种类型的教学材料应当具备的普遍属性之一，不管是针对其中的文学性语言，还是语言当中普遍蕴含着的文学性，文学在英语教学领域中都是一个没有办法规避的问题。作为一名英语专业教师，在针对词汇、语法和句子等内容进行简述的时候，应当有意识地指导学生对教学材料当中蕴含的文学性形成一定的了解，也应当在作品较为真实的语境当中构建出来各种类型和主题有一定关系的教学情境和语言交际活动，逐渐对作者表达出来的主题思想以及写作意图形成较为深入的认识，整体层面上对作者的叙事手法进行分析，感悟出来每一篇文章当中遣词用句以及修辞模式的特征，引导学生逐渐在不知不觉的情况下提升自身的词汇量水平，并逐渐对英语领域常用的表达方式有一定的了解，以便让学生的语感能力得到一定的提升，逐步培养学生对英美文化的认识意识，在正规的语境之下正确地将自身的想法表达出来，以便让学生的语言水平以及跨文化交际能力得到一定的提升。

除去可以在语言学习过程中起到一定的促进作用之外，文学也可以在人文素质教育目标实现的过程中发挥一定的促进作用。高尔基曾说过："文学是人学"，是通过描写出来一个人，来对人进行影响，并对人进行教育。教师应当让文学的育人功能得到充分的应用，使用资料当中的对话和交流，逐步引导学生在融合自身生活体验和人生感悟的基础上对文本形成更为深入的认识，以便可以在学生的心理和文章之间构建出来一座情感桥梁，一起去和主人公体会喜怒哀乐，应用文学的养分来让学生的文化素养、人生阅历以及精神内含变得更加充实。正如 Cillian Lazar 所说的："文学作品可以将读者的情感反应激发出来，以便读者对作品的伦理和道德主题形成感性和理性的认识，从而对学生的道德发展产生一定的影响。"除此之外，文学与生俱来的美学价值和愉悦功能可以在枯燥的学习过程中带来一定的生机和乐趣，将学生自主学习的热情激发出来，在此基础之上就可以发挥出"润物细无声"的作用。

文学在学生语言学习以及素质培养过程中可以发挥一定的促进作用，文学的这种作用得到了教育界较为广泛的认可，在英语教学当中体现出来的文学性也对教师的文学修养提出了更高的要求。文学修养指的是一个人在文学创造、交流以及传播等行为领域当中的实际水平，它的培养和提升也是文学知识的积累和审美情趣的提升过程，具备一定的渗透性、感染性和多元性。在英语课堂当中，精准简练的语言艺术是教师文学修养的外在表现，也是取得良好教学效果的前提条件之一。学生对一门课程的学习兴趣是将教师的语言引导作为出发点，一个可以旁征博引并使用语言意识感染学生的教师可以将学生的求知欲望培养出来；另外，一个词不达意的教师想要在课堂上得到学生的尊敬和信任是一件较为困难的事情，从而也就会对学生的学习积极性造成一定的影响。教师本身的文学修养水平除了在课堂教学效果上有所体现之外，也和学科整体人才培养质量之间有一定关系。正如方智范先生所说的："我认为学生使用语言文字这种工具，最好的学习过程也就是人文精神熏陶过程。……针对人的各种类型的素质来说，和情感态度价值观以及真善美之间的相互关系是怎样的呢？是文学修养。在人文素养领域当中占据核心地位。21世纪，需要使用崭新的人才观。需要站在人才全面发展、终身发展的角度上考虑相关的问题，文学修养是一个全面发展的现代人必备的素质之一。"

二、提升高校英语教师文学修养的措施

高校英语教师除了教育者的角色之外，也应当是学习者。教师的专业发展应用由初期的教师培训到师资教育再到师资发展，在这个几个阶段当中，教师综合素质占据的地位变得越发重要，因此高校英语教师在实际工作过程中应当培养出来的是终身学习理念。外语教师的专业发展包含两个方面的内容：一是教师个人在专业教学生涯当中经历的心理成长过程，包含的内容是专业信息和态度价值观的增强；学科知识在广博和专业上应当有所更新；教学技能水平应当得到一定的提升，为了可以将教学不确定性消弭掉，教学策略意识水平应当得到一定的提升，人际交往力度应当逐渐大起来。二是在职教师受到外在的教育或者培训，对语言教师来说，首先应当具备一定的发展意识，积极的开放自身，想要让个人的文学修养水平得到一定的提升，首先应当构建出来的是终身学习的理念，要在自主发展意识的引导之下主动地将自身的知识具体构成结构逐渐完善起来，教师在实际工作过程中不单单应当具备驾驭英语汉语两种语言的能力，也应当具备良好的文学修养和文化知识。这不单单是学科发展进程向前推进的过程中提出的要求，更是得到自我认同感和价值感的过程中应当使用的源泉。

将文学作品的熏陶放置在一个较为重要的地位之上，文学作品是人类社会发展过程中积累下来的宝贵财富，其中蕴含着较为丰富的人文思想，也渗透着对生命价值、生活意义以及爱憎善恶的深刻思考，是人类灵魂世界当中

的教科书。作为一名教师在实际学习生活过程中，应当养成的是勤奋阅读文学作品的习惯，在书卷知识的影响下让自身的文学修养水平得到一定的提升。"问渠那得清如许，为有源头活水来"，如果难以得到文学的滋养，那么思想就会进入枯竭，见识在这种情况之下也会变得越发浅薄起来，在课堂教学相关工作进行的过程中想要使用幽默风趣的语言，自然就显得较为困难。阅读实际上是一个厚积薄发的过程，在经历过数量众多书籍的洗礼之后，才可以构建出极为丰富的精神世界，逐步拥有宽广的胸怀和较为开阔的视野，就像古人所说的"腹有诗书气自华"，这种教师本身具备的较为特殊的个人魅力和才情会对学生造成强大的感召能力，并将学生的阅读兴趣有效地激发出来。苏霍姆林斯基在《给教师的建议》一书中指出："应当将每一个学生引入书籍的世界当中去，并培养出读书兴趣，让书籍逐渐演变为智力生活领域当中指路的明灯，这和教师之间的相互关系较为密切，也取决于书籍在教师本人的精神世界当中占据怎样的地位。"热爱读书的教师，才会对读书过程中的精神感受形成更为深入的了解，才可以为学生分享更为实用和感召能力更强的文学知识，为学生推荐更多的文学精神食粮，逐步引导他们从文学快餐误区当中走出来。在阅读经典作品的过程中，可以让学生对人性美、语言美和艺术美形成更为深入的认识，从而发挥出一定的陶冶情操和净化灵魂的作用，在领悟一定的美的基础上去探寻美并创造美。除此之外，阅读实践的积累，可以较为有效地让教师的审美情趣和文学欣赏水平得以提升，并逐渐将文学研究和评论的意识培养出来，以便让他们对教学材料形成更为深入的了解，也可以使教师对教学材料做出独到的解读，因此，可以让以往我国高校英语教学领域当中存在的同质化问题得到有效的解决。将书籍作为媒介，教师应用批判的眼光和智慧引导学生进入文学世界当中，主动地去和作者对话、去质疑作者，甚至在某些情况之下也可以对作者做出否定。这样不同层次的学生都可以得到一定的提升，也可以让学生的思辨能力变得更强。

正所谓"冰冻三尺，非一日之寒"，只有阅读数量众多的书籍，教师才可以用"人类进步的阶梯"站到更高的位置之上，用自身较为雄厚的文学修养来为学生指点迷津，从而让学生对文学世界当中的风光有更为深入的了解。

第三章　英美文学修养培养

第一节　英美文学修养的价值

现代社会的人才需求体现出全面性和综合性的特点，要求具备良好的综合素质。大学英语是我国高等教育的重要课程，在教学中应当注重学生英美文学修养的培养，加强各方面能力的提升。英美文学修养是在英美文学阅读基础上的能力提升，包括文化素养、语言能力、心理素养等内容，因此文学修养的培养越来越受到广大教师的重视。本节将对培养大学生英美文学修养的必要性进行潜心研究，并探讨详细的教学策略。

一、大学英语教学中培养学生英美文学修养的必要性

大学英语教学的目的不仅是要求学生能够在工作和社交中流畅地用英语进行交流，培养学生的英语应用能力，而且要求提高学生的综合文化素养，增强自学能力，从而适应未来社会的发展要求。要达到上述目标就要求教师在授课过程中，不能仅仅注重听说读写的训练，因为技能简单的相加不等于综合运用能力，从某种意义上来讲，综合运用能力应当接近于包含听说读写在内的文化素养。

（一）增强学生的文化感知

语言与文化是一体的，任何一方都无法独立存在。语言是文化的载体，文学学习是一种快速掌握文化知识的学习方法。

（二）增强学生的英语综合能力

语言的学习十分重视积累，只有积累达到一定的程度才能够正确地、灵活地进行语言输出。而文化的学习可以仿效语言的学习。大量的阅读可以增强学生的语感，同时增加词汇量，并且提升其语言的实际运用能力。在英语学习过程中，学生要注意在学习和生活中经常使用英语，只有在实际运用中才能使学生快速掌握英语知识，加深对文章的理解，发现文章中的美，体会作者的情感，进而提升学生的文学修养。

（三）加强学生审美能力和人文素养的培养

通过阅读体会不同的文学文体和语言风格，学习是从表层逐渐加深的过程，最后达到提高学生文学修养和审美水平的目的。大学英语的显著特征是具有丰富的人文性，具体表现在大多数西方著作中，无论是词的选择、句型的结构、文章的布局还是修辞手法、节奏韵律等都蕴含着丰富的情感，很多优美的文章都体现出了人类情感的真善美。通过教材提高学生的文学能力，培养学生积极向上的情感，使其身心得到全面的发展。

大学教师在授课过程中应当向学生充分展示英美文学的魅力，采用正确的方式进行英美文学作品的教学，在文学学习方法上，鼓励学生打破常规、大胆创新。这样不但可以开阔学生视野，提高学生的学习兴趣，而且在活跃学生的思维和提升学生的文学修养方面具有重要作用，使他们能够在未来激烈的世界竞争中占据一席之地。

二、大学英语教学中培养学生英美文学修养的途径

（一）充分利用英语课堂教学

通过课堂授课培养大学生英美文学修养是广大一线教师的首选途径。大学生学习的英语教材都是经过教育部教材编纂的专业教师精心挑选的，因此每一篇课文都具有很好的文学性，教师要充分利用教材进行教学，切实发挥教材的作用。由于非英文专业的学生面对英美文学作品时无法做到深层理解，所以西方文学作品的学习要以阅读和欣赏为主，在其他方面如文学学习的连贯性、系统性，以及理论性等方面不必强求，让学生学习英美文学的目的是能够体验和感悟英美文学的美感。教师在课堂教学过程中，要充分调动起学生的主观能动性，活跃学生的思维，激发学生学习的积极性，化被动为主动，提高学习效率，保证课堂教学的有效性。

（二）利用网络式教学模式

传统的填鸭式教学以教师授课为主，忽视了学生的主观能动性，学生只是被动地接受知识，丧失了学习的兴趣。网络式的教学模式主要采用多媒体和信息网络教学，教学内容不再局限于课本，还包括多媒体课件、音像资料、网络资源等。这种教学方式不但能够锻炼学生的语言，而且生动的教学画面使学生对文学作品记忆深刻。将对英美文学作品学习的重心放在体验和感悟方面，使学生快乐地遨游在丰富多彩的文学世界。同时鼓励学生大胆创新，发挥其主观能动性，培养学生的独立思考能力，从而对文学产生兴趣，提升英美文学素养。

（三）课内外进行师生互动

实践表明，大多数学生对课堂学习缺乏主动性，因此课堂教学应当发挥学生的主体作用，提高学生的自学能力，调动学生学习的自主性。同时教师要对课堂活动形式进行改变，通过讨论、辩论等形式让学生感受英美文学的内涵。让学生在课下收集相关的资料并进行分析，再到课堂上进行讨论，将文学能力的培养延伸到课外。丰富的课外活动为文学能力的培养提供了广阔的空间，观看英美电影，如 *The sound of music*，*Legally Blonde*，*Confessions of a Shopaholic* 等；收听英语广播，如 *China Business Radio*，*English Evening* 等；进行英文诗歌朗诵和歌唱比赛；排练英文话剧，如 *The Gifts*，*Susan and Cathy* 等；组织英语文学社等。学生利用课余时间参与这些活动能够提高学生的英美文学修养。

（四）做好课前资料的搜集工作

兴趣是最好的老师，教师可以利用这点调动学生学习的积极性和主动性。教师要做好课前准备工作，可以事先设计一些问题让学生充分表达出自己独到的看法和见解。例如，学习英语课文时，曾经有一课讲到莎士比亚的名言，教师可以围绕名言的出处、背景、相关文学知识等方面进行提问，让学生动手搜集资料并解决问题。通过提问让学生产生好奇心，激发学生探索的兴趣，点燃学生的学习热情，让学生在实践中学习，提升文学修养。同时还可以鼓励学生搜集一些类似的外国名人名言，如 God helps those help themselves. 天助自助者。Trouble is only opportunity in work clothes. 困难只是穿上工作服的机遇。In this world there is always danger for those who are afraid of it. 对害怕危险的人来说，无论怎样这个世界总是危险的。

（五）延伸课外阅读活动

教师在课堂教学过程中除了完成教学大纲的要求之外，还要选择与主题相关的英美文学作品，延伸阅读活动，提高课堂教学的趣味性，让学生感受到英美文学的魅力。例如，《爱和友谊》这篇课文教师在课堂上讲解时，可以让学生搜集《当你老了》的相关作品，让学生赏析这些文学作品，感受文学作品的美，陶冶情操的同时扩展知识面。诗歌体裁是最难学习的，因此为了使学生更好地理解诗歌，教师可以将诗歌编成故事或者话剧，然后让学生进行分组表演，同时可以使用道具加以辅助，使诗歌更加形象生动地展现出来，让学生身临其境，加深对诗歌的理解。通过这种教学方式既能保证课堂教学效果，又能够提高学生的学习效率，让学生更加快速地走进英美文学的世界，提升学生的文学修养。

（六）加强课外学习的自主性

课堂学习的时间毕竟是有限的，丰富的课外时间为学生文学修养的培养提供了可能。例如，利用晚自习或者课余时间组织学生观看英语电影，电影结束以后要用英语对电影的情节、精彩片段、心得体会、对话进行总结，并以书面形式将报告交给教师评阅，教师在评阅以后要准确指出报告的优缺点，并帮助学生进行改正。多方面评价学生，对于表现优秀的学生要增加其自信心对其进行表扬；对于表现不好的学生教师要鼓励其不要灰心，再接再厉。这种方式在检查学生理解程度的同时，又提升了学生的认知水平，培养了学生的语言表达能力和写作能力，可以在故事的思索和感悟中提高学生的文学修养。除此之外，教师还可以鼓励学生阅读一些短篇小说，如《老人与海》《小王子》等。生动有趣的短文在吸引学生阅读兴趣的同时，也为学生留下了想象的空间，并且寓意深刻的短篇小说对学生文学修养的培养具有一定的帮助作用。

（七）有效地利用第二课堂活动

丰富课余时间，活跃校园文化，可以开设第二课堂活动。教师在授课的过程中可以将学习的内容与第二课堂结合起来，使学生尽可能多地接触英美文学作品，并且受到英美文学作品的熏陶。例如，组织学生进行诗歌朗诵比赛或话剧表演，这样的学习方式不但丰富了学生的课余时间，而且开阔了学生的视野，拓展了学生的文学知识。还可以邀请教师进行讲座，讲授一些文学常识，这也是培养学生文学修养的一个好方法。另外，进行电影欣赏也是有效可行的办法。

英语课程开设的目的不仅仅是能够运用英语进行交流和取得高分数，更重要的是扩大学生的知识面，开阔学生的视野，增强学生对世界文化的进一步了解。教师在讲课过程中不但要完成教学大纲的要求，而且要延伸课外阅读，选择拓展阅读的内容要与学习的主题相关，有效地利用教学资源，激发学生的学习兴趣，发挥学生的主观能动性，化被动为主动，提高学习效率，提升学生的文学修养，保证课堂教学的有效性。

第二节　英美文学修养的培养方法

在市场经济背景下，人才依附于市场而必须具备适应市场的能力，对学生而言，不仅要有英语实践能力，还要有跨文化交际能力，英美文学修养显得尤为重要。随着大众化教育的普及，毕业生数量逐年增加，就业压力越来越大，高质量的教育有利于缓解就业压力，培养学生英美文学修养是其重要一环，必须引起足够重视。在实际教学中，教学内容主要以现代英语为基础，培养学生英美文学修养的内容少之又少，又常常被忽略，不仅影响教学质量，同时还造成了学生英语学习的不平衡发展。

一、英美文学在英语教育中的作用

首先，可提升学生的英语能力。英美文学有其独特的文化魅力，与东方文学相比有着很大的区别，通过学习英美文学作品，不仅可以丰富学生的词汇储备量及语言表述方式，还可以在其中提取关于西方的生活、文化、社会等内容，加深对西方文化的了解，从而在实践中更能体会英美文学的魅力，同时有利于提高学生学习英语的热情。其次，促进对英美文化的解读。不同国家有不同的文化特点，文学作品是对一个国家乃至一个时代最好的见证。通过阅读英美文学作品，可以感受到英美人民真实的情感表达，学习到更深层的精神文化，对西方文学作品的思想观念有更深刻的理解。最后，激发学生的创造力。在教学中加入文化素养教学，可扩大学生的英语知识范围，有利于学生理解与应用，进而使学生喜欢上这门课程。在此基础上，学生与文本的互动能力增强，最终达到提高阅读能力的目的，在学习中，学生更容易找到兴趣点并激发潜在创造力。

二、培养学生英美文学修养的对策

（一）以就业为主要发展方向，培养学生兴趣

任何一名学生都离不开社会，学习的目的是在各行各业工作和深造，熟练应用英语是一项基础技能。不同工作对英语的要求是不一样的，在课本中加入针对性内容的同时，应当注重培养学生的英美文学掌握能力，提升知识的宽度和深度。在教学中穿插一些英美文学故事，可以让学生感受其文化魅

力及自身的不足，提升探索英美文学的内驱力。这种内驱力需要兴趣来支持，在教学中针对不同特点的学生开展因地制宜的教学尤其必要，营造积极和谐的教学氛围，可以使学生在寓教于乐中不断激发学习乐趣。学生心理素质培养亦十分重要，通过合理规划教学内容，解决一些学生学习中遇到的问题，让他们感受到自己的学习在不断前进，自我能力不断提高，进而产生自信心。鼓励学生课下多看英美文学作品，课上积极主动发言，在一些学习环节采取小组合作方式，增加学生之间的互动与交流，进而使学生获得更好的学习体验。

（二）在教学中添加英美文学鉴赏

英语教学目的是让学生的英语应用能力得到提升，这种思维模式与汉语有所不同，虽然在教学中有所注重，但英美文学常常会将其忽视。英美文学作品中的精华与现代英语有较大区别，学生学习起来比较困难，即便对英美文学与现代英语的区别有所了解，也会遇到许多麻烦，加上英语教学中往往会忽略这部分，学生想要从英美文学作品中获得独特的人文素养较为困难，而这种人文素养恰恰是学生欠缺的。所以在英语教学中，可以加入一些英美文学相关的鉴赏内容，使其对大学生人文素养产生作用，进而提升学生的英美文学修养。研究表明，英美文学与中国传统文学有异曲同工之妙，对不同作品的鉴赏是一个循序渐进的积累过程，可以影响学生的思想观念，使他们产生积极向上的人生态度，在遇到挫折、困难时可以放手一搏，迎难而上。英美文学与中国传统文学在表达方式上有很大差异，对此，学生可以将英美文学与传统文学进行对比，对两种文化的不同进行分析，进而更为深刻地了解文化存在的意义。

（三）多依赖校园资源提升自己

1. 充分利用教材

教材是主要的教学工具，课堂上使用最频繁，可以利用教材开展英美文学修养教学。譬如，教材中的一些内容具有很强的文学性，可以重点对这些内容进行分类梳理，进而提高教学内容的宽度和深度。目前，英语课程改革具有一定难度，英美文学教学实施仍存在一些问题，而在教材基础上进行文学修养培养是一种很好的方式。如在课堂上，可以针对教材内容精挑细选一些文学性较强的课文，让学生充分感受文学作品中作者的思想和人性魅力，使学生受到感染和熏陶，或者让学生读整本的作品，进而有更深层次的理解。这种方式能够帮助学生提高自身的文学修养。比如，pride comes before a fall 翻译成中文是"骄兵必败"，虽然这句话十分短小精悍，但非常有意思，也更容易引起学生的注意力，多以此类语句做引子激发学生的阅读兴趣，进而达到提升学生英美文学修养之目的。

2. 借阅英美文学作品

图书馆有许多经典英美文学作品，之所以被称为经典，是因为其具有较高的文学价值，得到了大部分人的认可。学生可以借阅一些文学作品，通过自己或者教师的帮助，了解其中的价值所在。大量英语阅读可以提高学生的阅读能力，还可以在阅读过程中增加单词储备量和文学修养。学生在阅读时势必会利用到自身的理解力去体会作品中表达的思想情感，这是一个锻炼过程，文学作品的领悟能力会逐渐提升。可以说，文学作品对提高学生英美文学修养至关重要。比如，为学生整理一个经典英美文学清单，或者是一些名人名言，让学生在闲暇时间阅读。在英语课上，可以让学生针对自己读过的文学作品发表一下感想，或者让学生组成小组探讨作品表达的思想感情，以这种方式增强学生对文学作品的理解，提高英美文学修养。

3. 多参与英语社团

英语社团的作用非常大，因为相较于课堂教学，社团更加自由化、随意化，学生自主参与，学习兴趣比课堂教学更高。学生完全根据自己的兴趣决定是否参与，所以有着较高的兴趣。社团是学生的社团，没有教师参与其中，这样更能发挥学生的主观能动性，不仅锻炼了组织能力，还提高了活动参与度。学生之间交流是没有任何鸿沟的，交流起来简单容易许多。比如，学生通过参与社团提高英美文学修养，就会涉及作品赏析、阅读比赛、文化知识竞赛等活动，这些是自发的，学生更乐意参加。

4. 多利用互联网学习

随着互联网时代的到来，学习不再局限于有限的课堂空间，通过互联网进行英美文化学习也是不错的选择。学校有电脑机房，许多学生有个人电脑，可利用这些资源进行学习。这种学习方式是非面对面的，这样学生学习起来负担更小，更能畅所欲言，提高学生参与度，达到学习英美文学事半功倍的效果。比如，在讲解英美西方传统文化的过程中，可以利用网络资源收集相关的视频资料和图片资料，边讲解边将视频和图片展示给学生，这种方式让学生在脑海中形成相应的画面，进而加深对该知识的理解。

总而言之，随着时代的发展，传统的英语教学已经不再适应，人们对学生文学修养的关注越来越高，如何提高学生英美文学修养成为业内关注的焦点。提高学生的英美文学修养是一个循序渐进的过程，既要合理有效地利用校园有利资源，又要采取合理的教学方法，关键要让学生保持较高兴趣。探索培养学生英美文学修养的方法，有助于提高英语教学质量，为他们今后英美文学修养的发展奠定基础。

第三节　英美文学作品赏析与人文修养

当前优秀的英美文学作品不胜枚举，而随着互联网以及智能化阅读方式在读者生活中的逐渐渗透，读者阅读和了解英美文学作品的渠道也更加多元。通过阅读英美文学作品，读者可以了解到西方不同的思想和文化，开阔自己的眼界，启发自己的思维，从而让自己的人文素养得到提升，因此我们也可以理解为赏析英美文学作品是提升人文素养的有效途径。本节将围绕这一重点进行简要的分析，探讨其赏析意义和主要角度。

一、人文素养的概念、作用

（一）概念

要想理解人文素养的概念，我们不妨将人文素养按照"人文"和"素养"两部分进行分析。因为只有对这两部分内容有全面的了解，才能够在综合二者的基础上更好地诠释人文素养的重要内核。所谓"人文"主要是指所有人类在生产和发展过程中产生的各种学科和科学经验。比如，比较常见的政治学、历史学、哲学以及当前探讨热度较高的经济学和本节想要探讨的文学等。它是人类在发展过程中所积累的宝贵经验的具象化体现，也是人类获取生活经验、掌握知识技能、进行探索和思考的主要知识来源。所谓"素养"则是指人类在发展过程中可以养成的能力素养和精神素养。当我们将"人文"和"素养"所包含的概念进行整合之后，就可以得出"人文素养"的基本概念。也就是说，基于各种科学研究以及对学科知识的探索和思考所形成的知识水平，以及各类人文学科中所具有的以人为主体、以人为核心的内在精神。

（二）作用

人文素养对提升读者的综合能力以及优秀品质都有不可忽视的重要作用。在具体的工作和生活中，人文素养的重要作用更是不容忽视。因此，我们可以从以下两个方面来详细探讨人文素养所具有的重要作用：

1. 可以帮助人生价值观的形成

一个人要想在社会上更好地立足以及更好地发展，必须具有正确的价值观念、较高的道德素养，以及能够被人所肯定的可贵品质。培养人文素养的过程就是读者通过对一系列学科知识的学习和探索，来逐渐构架起了解世界、探索世界的价值体系和方法体系的过程。一般来说，如果一个人在成长过程中所接触到的知识越丰富，在学习和掌握知识的过程中思考越频繁，那么他也就能够拥有更加开阔的眼界，能够从不同的角度更加全面地去思考和解决问题，从而在工作和学习中更好地实现自身的价值。人文素养的培养可以帮助读者形成良好的品格。除此之外，人文素养在帮助个体形成人生价值观的过程中还可以更好地提升个体的获得感和幸福感。因为人是社会性的生物，个体不仅可以从文学作品以及书本中汲取经验，同样也可以将自己所汲取的经验应用于自己的实际生活之中，在具体的实践中去感悟文学作品以及书本中所蕴含的道理，并且将之转化为己有。在这个过程中，个体将会更好地与社会的发展相适应，收获幸福感，让自己的精神层面更为丰富和饱满。

2. 可以让生活变得更有趣味

现在随着互联网的普及，读者对陌生事物和多元文化充满好奇，网络文学以及互联网文化对读者的生活产生了巨大的影响。读万卷书，行万里路，阅读的目的不仅仅是让读者获得知识，开阔眼界，还可以让读者的思想得到升华，让读者即使身处闹市，也依然能够在心灵深处拥有一片宁静的秘密花园。而阅读所获得的人文素养也同样可以让生活变得更有趣味性。因为在阅读过程中，读者所收获的感想往往会潜移默化地影响到读者，让读者可以在生活中从不同的角度来看待问题。比如，良好的人文素养可以将越来越多的人从低质化的网络小说以及互联网文化中解脱出来，通过阅读文学作品开阔眼界，树立正确的价值和道德观念。

二、英美文学作品对提升人文素养的作用

（一）提升读者的审美能力

提升读者的审美是英美文学作品在提升人文素养方面的首要作用。因为作家在写作文学作品的时候，往往会融入自己的思想，为了更好地让读者感受文章中所表达的内容会采用大量修饰手法以及各种细致的描述，从而让文学作品更具故事性、审美性以及深刻的精神内核。所以读者在阅读文学作品的过程中，会感受到文学作品所蕴含的审美价值，被优美的语言、引人入胜的情节和所表达的美好情感所吸引，进而潜移默化地让自己的审美能力得到提升，并且会下意识地在自己的生活和工作中应用从文学作品中感受到的美学思想。比如，在英美文学领域有着深远持久的影响，而且有大量优秀作品的马克·吐温、莎士比亚等伟大的作家，他们的文学作品不仅有着引人入胜的情节，而且具有极高的美学价值。读者细细品读之后不仅可以更好地了解作者所处的时代，而且能够感受到其中的美学思想。

（二）陶冶读者的情操

学习是为了让我们变得更加优秀，而文学作品中也同样蕴含着一些优秀的知识。比如，作者在写作过程中会围绕某一个核心思想来展开对故事的叙述，或者在写作的过程中，将自己想要表达的思想用文字的方式呈现出来。因为有了作者的思想，所以文学作品更加富有灵性和趣味性，而且比较容易让读者在阅读过程中产生共鸣。当越来越多的读者通过阅读文学作品和作者产生共鸣时，自然也会感受到作者通过文学作品所要表达的思想。尤其是在一些经典的英美文学作品中，作者往往会结合其所处的时代背景，所以这些文学作品也是读者了解作者所处时代的重要"窗口"。透过纸上的文字，读者可以在阅读过程中接受人文精神的熏陶，并且让自己的文化修养以及智慧得到增长，同时因为感受到了文学作品中所蕴含的精神内核，所以，读者也会在不断思考中让自己的情操得到陶冶。

（三）丰富读者的情感

英美文学作品中，除了一些文学大家所写的散文诗歌之外，中国读者最喜欢的莫过于那些拥有跌宕起伏的情节以及精彩描述的英美小说，而小说所具有的最为典型的特征就是一环套一环的情节以及小说中主人公之间的情感和思想上的冲突与碰撞。读者在阅读时因为被小说的情节所吸引，所以往往会让自己的情绪随着小说的情节而流转，感动小说人物所感动的，难过小说人物所难过的，仿佛透过小说中一个个人物的双眼，看到了他们所处的时代，看到了他们在小说中所处的世界以及他们的内在精神。而在这个过程中，读者的情感也会因此而变得更加丰富，仿佛可以从一部小说中感悟复杂的人生，经历了小说中人物所经历的喜怒哀乐。而读者在阅读英美文学作品的过程中所获得的洞察世事的感悟以及悲喜之心，可以让他们的心灵提升到更高的层次，让他们的心智逐渐得到完善，让他们在感悟人生的过程中，思考什么是正确的生活方式，并且寻找真正适合自己的生活方式和自己身处这个世界应该寻求到的并为之奋斗的目标。这便是通过英美文学作品赏析来培养读者人文素养的最为深刻的作用，也是最具魅力的地方。

（四）完善读者的知识架构，开阔读者眼界

完善读者的知识架构，开阔读者的眼界，同样是英美文学作品赏析对人文素养提升的重要作用之一。因为文学作品并非只是某一部文学作品，而是伴随着英美文学史的发展而产生的数量庞大且丰富的文学之海。其中既有文字优美、极具审美意趣的散文和诗歌，也有大量情节引人入胜、人物个性鲜明的小说。而且由于作者所处的时代不同、环境不同、人生境遇不同，所以也使这些文学作品能够很好地反映出英美国家的历史发展脉络。很多文学作品中还包含了大量对英美国家风景名胜以及民众生活习俗的介绍，所以也使这些文学作品具有极强的可读性。读者在阅读这些优秀文学作品的时候，所感受到的不仅仅是作者想要表达的思想，同样也能够透过作者的文字感受那些奇幻优美的异域风光，了解英美国家的风俗习惯，这样一来即使不能身处其中，也同样可以开阔读者的眼界。而这也便是英美文学作品的魅力所在。而当读者的知识架构得到了丰富、眼界得到了开阔，那么人文素养自然就随之提升了。

三、通过英美文学作品赏析提升人文素养的有效途径

（一）选择合适的文学作品

现在英美文学作品浩如烟海，不仅题材多样，而且作品的数量也非常庞大。因此要想提升人文素养，那么读者首先应该结合自己的需求，然后在此

基础上，用科学的方法寻找适合自己的文学作品进行赏析。具体可以尝试以下两种途径：第一，阅读排行榜。阅读排行榜是读者了解英美文学作品内容的最为直接的途径。通常来说，如果一部文学作品的可读性非常强，而且拥有深刻的思想内核，能够引起读者的共鸣，在艺术思想上也同样拥有较高的造诣，那么就可以称为优秀的文学作品。因此读者如果想要寻找适合自己的文学作品，不妨通过阅读排行榜上的好书推荐对作品的大概内容有一定的了解，然后再结合自己的喜好和兴趣进行深入的阅读。第二，互联网查找。很多人在阅读英美文学作品的时候，都是通过别人的推荐或者自己对某一个题材的偏好来选择的。所以为了判断该文学作品是否符合自己的阅读需求，读者可以在互联网上搜索该文学作品，了解之后，再行决定是否阅读。

（二）了解作者的生平及作品背景

了解作者的生平以及作品的写作背景，也有利于培养读者的人文素养。因为一般来说在英美文学作品中，尤其是英美古代文学作品中，很多作品都是作者不满于当时的社会现状而写的，反映出他们所处的那个时代。因此，读者在接触到每一部作品之前不妨对该部作品的作者以及作者的生平和他所处的时代背景进行简要的了解，然后再去阅读英美文学作品。这样一来就可以让读者在阅读过程中更好地感受文学作品所蕴含的思想内核，也更加有侧重点，这有利于提升读者的人文素养。

（三）掌握文化差异深化情感认知

因文化差异，读者在欣赏优美作品时依旧按照固有思维揣摩文学作品，在理解上不可避免地会出现一些偏差甚至错误。比如，在人物性格特点的刻画上，中国文学作品与英美文学作品有着较大的差异，如在用词上。因此，首先必须要深入地去了解文化差异，全面把握作者的写作意图，才能够对其思想内涵有所认知。特别是要对英美文学作品的每一个单词认真揣摩、深刻分析，确保对其中的深刻含义有所把握，能够准确掌握其内涵。读者只有反复分析、反复认知才能够对每个词的含义做到精准把握。其次，由于文化差异，学生在赏析英美文学作品时难以避免会按照固有思维去理解，所以要改变思维习惯，学会用英美思维来赏析作品，才能够对作品的精髓准确把握。只有对情感做到完全的认知，才能够做到深入赏析。再次，读者要深入阅读，在情感上下功夫，发现英文作品的意境。作品中的语言语境是重要内容，作者都是通过这些来进行情感表达的。因此，所用的词都非常谨慎，可以说是推敲出来的。每个词语背后都有深刻的意图。读者要认真品读作品，才能对作品的内涵进行全面把握，最终实现人文素养的有效提升。最后，作者的写作风格不同，表达手法也不同，有的擅长幽默风格，有的擅长豪放风格。因此，注重发现作者的风格表达特点，才能对作者的写作意图有深入的了解，同时对作者想要表达的情感有全面认知。

（四）学会总结和思考

在阅读完英美文学作品之后，读者不妨通过总结和思考来对自己在阅读中取得的收获进行"反刍"，这种总结和思考最大的好处就是能够对文学作品有一个整体的认知，然后从不同的角度更好地赏析文学作品。比如说，作者是如何做到文学作品的精神内核和故事情节相统一的？作者想要通过这部文学作品向读者传递一个什么样的世界？这部文学作品所采用的叙述方式是什么？这部文学作品中最为经典的段落是什么？……这种反思和总结的过程亦是对文学作品赏析的过程。而在这种赏析中，读者的人文素养也能够得到有效提升。

综上所述，赏析英美文学作品有助于提升人文素养。人文素养对读者的成长来说有非常重要的作用，而提升人文素养的主要途径之一就是阅读优秀的文学作品，通过感受其中的语言之美和思想之美，来开阔他们的眼界，让他们更好地认识世界、了解世界，提升自己的道德修养，从而成为更好的人。英美文学作品是世界文学发展史上闪耀的瑰宝，因此广大读者也可以将英美文学作品赏析作为提升自身人文素养的重要途径，多阅读、多思考，从中得到更多的收获。

第四节　英美文学教学与文学修养培养

相关研究指出，"随着英语教育教学改革的深入，英语教育已经不仅是单纯地传授英语语言知识，而是转向培养学生的语言交际能力，提升学生的文化素养。英语教学也随着学生素养的拓展开设了更多元化的课程，如文化类、文学类、应用类和语言技能类课程，为实现英语教育个性化教学和学生综合素质培养奠定基础"。在这一背景下，英美文学教学被赋予了更多的教育责任：从内容上来看，英美文学课程涵盖的内容十分丰富，其课程本身所具有的内容值得深入挖掘；从影响上来看，英美文学是学生语言学习过程中的重要过程与手段，也是管窥国外文化的重要渠道，因此该课程无论对我国"新文科"建设还是课程思政的开展而言，都具有十分重要的意义和价值。

除上文提到的责任外，我们也不能忽视英美文学课程对学生文学修养的培养，自人类文学自觉以来，文学就成为世界、作者、读者与文本之间互动的方式，文学的本身不是语言的工具，而是有独立思想、独立内容与独立形式的艺术，因此，文学修养的培养，是英美文学课程必须要重点关注的内容。

本节将从三个方面详细论述英美文学教学与学生文学修养培养的意义、关系与方法。

一、英美文学教学中培养学生文学修养的重要意义

论述英美文学教学中培养学生文学修养的意义，要从两个方面入手，一方面要认识文学修养在当下人才培养过程或环节中扮演着怎样的角色，对于人的全面发展具有哪些重要的意义；另一方面要认识文学修养的培养对英美文学课程自身而言具有怎样的意义。

文学修养在当前社会越来越受到普遍重视，有研究指出，"近些年来人们对精神方面的要求越来越高，也逐渐衍生了精神文明等相关概念，当代人对自身的精神文明建设也越来越重视。这种思想逐渐蔓延到人才培养思路上，对于人才的要求也不仅仅是专业技能的培训，当代对人才也要求他具有更为全面的审美观念等。文学修养代表了一个人的综合素质，而综合素质的提高对人才的培养则意义重大"。一个人文学修养的高低，不仅仅是一项专业技能水平的评判标准，也是考量一个人综合素质的重要因素之一，在当今社会，各行各业都需要具有文学修养和文学思维的人才，因此在英美文学教学中培养学生文学修养，是响应了社会对人才培养的需求。

此外，在英美文学教学中培养学生文学修养，对英美文学教学而言，乃至对我国的外语教学工作而言，都具有重要意义。对英美文学教学而言，文学修养的提高是教育的直接目的，通过作品的赏析，让学生具有独立的审美鉴赏能力，获取文学知识，提高文学修养，这本就是英美文学课程的应有之义。对我国外语教学工作而言，语言教育的两个重要影响因素是文化与语境，文化是孕育语言的土壤，语境是获取语感的重要手段，通过对英美文学的教

学，能够从上述两个方面增强学生的语言能力。而真正意义上做到对语言的融会贯通，则需要以英美文学课程为载体，通过对文学修养的培养加以实现。语言是工具，用以打开文化之门，构建沟通桥梁，通过文学修养的培养，让学生打开文学世界，激发浓厚兴趣，毫无疑问有助于我国外国语教学工作的开展。

无论是从文学修养作为一种综合素质的体现，对人才未来成长所具有的重要意义而言；还是文学修养作为英美文学教学乃至外国语言文学教育的重要内容和必备环节，对课程体系以及教育过程发挥的重要作用而言，英美文学教学中培养学生的文学修养，都是具有重要意义的。在英美文学教育过程中，培养学生的文学修养，让学生充分了解外国文化、看到中外文化的差异，不仅能使其以更宽广的视野和更专业的眼光鉴赏中国文学，也有利于我国课程思政工作的进一步开展。

二、英美文学教学中能够培养哪些文学修养

上文中提及英美文学教学中培养学生文学修养的重要意义，如果说指出意义就是指明了方向，那么弄清楚在英美文学教学中，学生能够培养的文学修养有哪些，就是进一步确定我们需要获得的实际内容。

英美文学教学首先能通过大量的阅读获得文学常识。近年来，我国大学英语教学十分重视工具性与人文性的统一，对于文学与文化常识的教学也有所侧重，这是教育的方向与趋势。研究指出，"教育部对大学英语的教学中要求，该课程不光是作为当代大学生一门基础的语言课程，它还是学生不断拓展知识，了解世界各地文化的课程，要做到人文性和工具性相统一，要充分考虑到对学生国际文化常识的教育以及文学修养的培养"。英美文学教学

能够通过对英美文学经典的阅读，获取文学常识，了解作家、流派等基本信息，大致厘清文学史脉络，对英美文学的发展历程有基础性、通识性的了解。当前我国英美文学课程主要开设在外国语学院而非人文学院，这主要考虑的是语言环境，同样的作品，原文与译文存在着一定的区别，英语语言环境所能够获得的直观阅读感受，也是译本没有办法提供的文学体验。通过英美文学教学的阅读环节，让学生接触作品、了解作家，感受不同作者、不同流派的语言风格，从而获得文学常识。

英美文学教学还能够通过对文本的细读培养创作能力。阅读是创作的前提，只有大量的阅读才能够获得源源不断的创作灵感。在英美文学教学中，通过对优秀作品的细读，能够获得不同程度的积累，这一积累的过程最终能够形成一个人的文学底蕴，激发其创作灵感，培养其创作能力。在语言上，文学性的语言往往经过修辞与加工，这对外语学习而言具有更高的难度，同时对语言的提升也是十分显著的，无论是语感的培养还是措辞的严谨，都能够提高学生的语言使用能力；在形式上，不同流派的作家会形成不同的行文风格，叙事视角的差异、行文的结构都会有所区别，而这些差异与区别则能够形成不同的阅读体验，继而影响学生的写作风格。例如，对福克纳等意识流作家的阅读，学生能够获得艰难但新奇的阅读体验，这与阅读海明威式的叙述风格、狄更斯式的叙述风格又有着非常明显的区别，但在上述作家的著作中，文学的魅力却同样存在，这就能够形成思考和选择，学生能够通过不停地阅读—思考—创作的循环，培养属于自己的创作风格，潜移默化中提高其文学创作能力。

英美文学教学能够通过对情感的共鸣获得审美体验。文学作品，无论作家是否在其中刻意隐藏自己的情感，都是作家创作的产物，都带有作家的烙印，这也使每一个文学作品都有着情感性，具有优秀文学修养的人，能够更加敏感地捕捉到文学作品当中所蕴含的情感内容，并容易找到共鸣和获得审美体验。换句话说，英美文学教学能够通过培养学生对作品情感的共鸣，进而培养学生的审美体验，并形成对人类普遍问题与情感的思考，产生深刻的人文关怀。正如有研究所指出的，"英美文学作品鉴赏是了解英美文化以及语言的有效途径，也是英美语言的精髓与载体。文学作品的阅读与鉴赏，有利于提高对语言的认识与理解，并能丰富语言的学习体验。所以，英美文学作品的艺术审美过程具有多种功能与价值，既能提升读者的审美情趣，又能进一步理解英国与美国的作品的艺术内涵，了解中西文化的差异。"

无论是通过阅读获得文学常识，还是通过文本细读培养写作能力，抑或是通过培养情感共鸣培养审美意识，都是英美文学教学所能够承担的教育内容，让学生在纷繁的英美文学宝库中，不断汲取营养、扩展视野、培养语言能力、提高文学修养。

三、如何通过英美文学教学培养学生的文学修养

在具体的英美文学教学培养中，需要从教育理念、教育手段、教育过程等方面入手，不断提升教育质量和水平，通过英美文学教学培养学生的文学修养。无论是观念、方法、目标，还是教育理念、教育手段、教育过程，其所追求的效果都是一致的：提高英美文学教学的质量和水平，培养具有世界眼光的，具有良好文学修养的符合社会发展需求的可用之才。

教育理念是教育过程的先导，先进的教育理念能够促进教育的发展，因此英美文学教学的教育理念必须坚持与时俱进、开拓创新，服务教育工作大局。传统的教育理念中，英美文学的教学是服务于语言教学的手段，教育的

目的是培养学生的语言能力而非文学修养。前文已提到，一方面文学修养的提高对语言能力的培养具有重要的促进作用，另一方面文学修养已成为人才必须具备的素质之一，必须下大力气进行培养，因此必须充分更新观念，重视英美文学教学中文学修养培养的意义。

教育手段的变革是提高教育成效的关键，当下可选择的教学手段可以称得上十分多样，除传统教育手段外，新媒体等新兴教育资源的运用，也是教育手段革新的关键。对英美文学教学而言，充分利用新媒体资源，能够获取更丰富的教育素材、更加灵活的教育形式、更便捷的教育反馈、更科学的教育评价。通过新兴教育手段的运用，不仅能够提高学生学习的积极性、主动性，也能够节约教育资源，取得良好的教育成效。

在教育过程中，在通过英美文学作品进行语言教学的同时，要重视文本的精读、细读，注重细节的把握，可将不同作家、流派的作品进行对比教学，更多地拓展知识领域，介绍创作背景、流派风格等内容，增进学生对作品的深层次感悟与理解，提高审美水平。将更多的课堂主导权交给学生，通过集体研讨、模仿创作、知识拓展等手段，鼓励学生多发问、多讨论、多创作，从而全方位地培养学生的文学修养，充分利用英美文学的丰富教育资源，为我国培养精通语言、文化又兼具文学修养的专业人才。

纵览全文，英美文学教学中培养学生文学修养，是必要的也是必需的，通过对优秀英美文学作品进行赏析和解读，培养学生的文学感悟与文学修养，从而建立起对学生影响深远的人文情怀，是英美文学教学能够承担的教育责任。从教育理念、教育手段、教育过程等方面入手，不断提升教育质量和水平，能够切实提升学生的文学修养，继而提升英美文学教学的质量和水平。

第五节　英美文学教育对学生人文修养的培养作用

英美文学中所体现出的人文主义精神对我国教育有着重要影响，符合我国对高等院校英语方面教学的要求。教师在日常的英美文学教学中，通过不断增加学生的阅读量，丰富学生的阅读题材，来增强学生的阅读能力。学习文学大家的优秀文学作品，是通过影响和改变大学生的内在思想，从而转变其观念来指引学生更好地发展与成长。

一、大学英美文学教育的现状及问题

阅读作为一个扩展学生视野、增长学生见识的重要途径，可以提高学生各方面的技能，提高学生对文学课堂的兴趣。此外，在推进英美文学教学课堂的过程中，要注重对学生人文素养的培养。英美文学的传播能够充分地展示英美文化，体现英美人文精神，其对培养高中学生的人文素养有着重要的意义。但就大学英美文学教育的现状而言，仍然有许多亟待解决的问题。

（一）阅读题材单一，阅读面较窄

现阶段大学英美文学教育所使用的阅读题材大多来自课本上的名家选集，对目前大学生阅读能力所需的阅读量，是远远不够的。教师在进行文学阅读分析时，仅对课本中涉及的阅读内容，进行简要的分析，学生在学习阅读时不能全面地调动思维，阅读面窄，不能全方位地了解名家的写作特色、写作风格和写作手法，因此对文学阅读能力的提高是极为不利的。

（二）教师课堂设计方式老套，学生积极性不高

在英美文学教育的课堂中，大多呈现的是以教师讲课、学生听课为主的

传统教学模式。这种教学模式极不利于学生发挥其主动积极性。学生在进行文学阅读课时，仅是以听者的身份来听教师的讲解，或者教师以传统的方式，要求学生阅读相应的片段内容，并由学生来进行分析和理解，这种方式不利于学生全面地把握阅读思维。大学的英美文学教育相比于传统的文学阅读，有着其独特性。其中重点是要向大学生传输一种人文精神，因此大学的课堂就要进行适时的创新，课堂设计方式的老套也无法激起学生对文学阅读的兴趣。

（三）教师教学方式缺乏新意，人文素养实施力度小

从古至今来看中国文学经典的传承与发展，体现出了曲折性的前进特征。优秀的文学作品也被保留了下来，而国外也同样具有众多优秀的文学作品。通过品读和研究优秀的文学作品，可以从中吸取精华，感受不一样的人文气息。但目前大多数的英美文学课堂上采用以教师讲解为主的教学模式，面对教材上满篇的文字叙述，学生很难激发自身的学习兴趣，这就需要教师运用新颖独特的方式来活跃文学课堂。此外，在各大高校推行英美文学教育，对于人文素养的培养实施力度较小，并没有形成教育的普遍性。

二、大学英美文学教育对学生人文素养培养的重要性

在大学阶段推进英美文学教育，是对文学教育中缺乏人文素质培养现状的一大改良和创新。广泛阅读不同题材、不同名家的文学作品，全面了解优秀作品中蕴含的思想和道理，品读文学作品中的人文思想，从而提高自己的文学阅读能力，加强自身的人文素质。学生通过学习这些作品可以增加其对相应的历史背景和人文地理的了解，因为了解了时代背景，其对相应的人文知识的理解就更为透彻。

（一）提升知识储备，增长阅读知识

不同的阅读题材反映的是不同的知识，学生广泛阅读，吸取不同的知识来丰富其自身，让自身得到发展，并在阅读过程中增长自己的见识和视野。通过广泛的阅读，学会与作者进行交流，感受作者的语境和心境，以此来提高自己的阅读能力。例如，在进行文学阅读时用笔勾画出痕迹，并在读后写出感想，加深印象与感受，提升阅读质量。在这个过程中会和作者产生思想共鸣，在潜移默化中对自我的意识和思想有一个提升。

（二）拓展逻辑思维，提高阅读能力

学生在阅读过程中，不仅是对阅读文字的理解和把握，也是对作者思想的碰撞和升华，不断地通过阅读，感受作者在传达的一种人文精神。对自身的思维逻辑是一个很好的提升。学生在阅读过程中，并不是死板地记忆文字，而是有思考地选择性地进行记忆，并在自己的脑海中，对知识有一个筛选的过程，这就很好地锻炼了学生的逻辑思维，也体现出了大学阶段推进英文教育，对于人文素养的提升是一个很好的途径。

（三）传承优秀经典，培养内在品质

中华文化博大精深，中国经典文学作品丰富多样，其价值在任何时期都不可磨灭。同样国外的著名文学作品，对于提升大学生的内在修养也是十分重要的。文学知识的丰富性与广泛性，很好地满足了学生对各类知识的学习需求，这也是学生提高自身内在修养的过程。英美文学教学不同于其他门类学习的地方就在于文学极具传承性，许多优秀思想与人文精神理念都可以在现代社会中发挥良好的作用。这也是在大学阶段实行英美文学教育的原因，逐步培养学生的内在品质。

三、大学英美文学教育对学生人文素养培养的主要措施

要推进大学英美文学教学的改良进程，加强学生对人文素质的提升与培养，教师要发挥自己的引导作用，发挥出文学阅读的独特性作用。通过介绍不同体裁、不同作家、不同时代的阅读材料，保证阅读的多样性和多元性，让学生充分地体会到文学阅读课堂的丰富性。学生在学习这些欧美作品时，需先了解相应的时代背景，然后再把自己置身于当时的场景之中，这样才能领会到英美作品浓重的人文主义精髓。并在文学阅读的影响下，感受不同的人文主义精神，帮助学生更好地进行人文素质的培养。

（一）以作者为中心进行选文阅读

大学英美文学的教材中有关课文选材，都是名家的著作。因此教师在进行课堂阅读相关训练时，对于重点内容进行赏析和分析，从而提高学生的文学阅读能力。因此，教师可以在课堂中引入作者的其他著作。英美文化中赞美崇尚奋发向上、坚韧不拔、刚正不阿的精神，这也是其能成为世界主流文化的原因之一。例如，在学习《喧嚣与骚动》（美国现代主义作家威廉福克纳的经典作）时，教师可提供作者其他优秀作品供学生阅读。在阅读和欣赏中提高对写作风格和写作手法的理解和掌握，感受作者独具的人文主义思想，从而有助于学生对于作者人文精神的理解和把握，感受不同的人文气息。

（二）以题材为中心进行选文阅读

要保证阅读题材的广泛性和丰富性。每个学生都有不同的爱好和兴趣，要充分地考虑到每位学生的不同需求，并通过丰富阅读题材来扩展学生的知识面，保证其全面发展。例如，教师在课堂教学中分模块进行阅读练习，感受不同题材作品的魅力。对于文学阅读的鉴赏，风格和写作手法都有所不同，

而学生的阅读兴趣也各有偏差，因此教师要做到全面和具体化。教师在教学中不能单一地进行一类的讲解，要尽量使文学阅读课堂变得丰富多彩。在丰富阅读的过程当中，也会加深学生对人文情怀的理解。事实上，英美文学教育不仅能给现代学生对汉语的运用一些启发，还能培养学生的人文素养，更能提高学生的语文成绩，这可谓一举两得。

（三）提升教师队伍素养，丰富文学教育方式

教师自身要提高文学修养与知识储备能力，便于解答学生的疑惑与难点，更要时时关注学生的所感所思，这是体现学生自我意识提升的关键。与此同时，要革新教学方式，采用生动有趣的授课方式，可以讲解文学经典中的趣事，从中挖掘人文主义思想。也可以通过举办有关文学知识的竞赛游戏，激发学生的学习兴趣，培养竞争意识，边玩边学习文学。通过结合学生的成长特点，让文学真正融入学生的学习生活中，从多方面来培养学生的人文素养。教师应当让学生在今后的学习过程中自觉重视课本中蕴含的人文素养，以实现学生的全面发展。

无论对大学英语教育还是语文教育来说，大学英美文学教育均是其不可缺少的组成部分。英美文学作品在很大程度上反映了英美文化中的人文精神，因此其对培养大学生的人文素养有着重要的意义。学校对学生人文素质的教育，对培养人才、促进学生全面发展有着直接的影响。英美文化课为拓展学生素质提供了必要的文化背景和文学修养支持。

第六节　英美文学作品中人文修养的社会体现

我国教育改革不断深入，教育工作者对学生人文素养的培养更加重视。在外语教学中，英美文学作品蕴藏着丰富的人文素养。教师应该充分挖掘和利用英美文学作品，带领学生体悟和感受作品中人物的内心与情感，结合不同作品风格展开不同讲解，从而逐渐丰富学生情感积累，提升学生的人文素养。

一、文学与人文素养概述

人文素养有助于学生构建正确的思想内涵，形成恰当的人生观和世界观。人文素养更加倾向于个体内在素质的形成，主要指向价值观和发展意向，个体能力所占的比重并不是很大。从这个角度来说，我们可以将其理解为人文精神的特殊形式。人文素养与人文精神、道德精神、科学精神和艺术精神之间具有相互促进的作用。人文精神所探究的是人的思想和内心，推崇人的自由和解放，致力于打破各种传统的腐朽的思想和思维，从而促使人的价值在这个社会得到充分的发展和呈现。文学作品实质上是一个社会和国家的发展写实，它从实际生活中提炼而出，经过升华，其意义又远高于实际生活。文学作品建立在社会生活的基础之上，又集合了作者的想法和感情，并通过文字创立符合自己认知的社会形态。从这点来看，就能充分理解文学作品对社会及作者人文素养的依赖。英美文学是人类文化非常重要的组成部分，充分反映了当时社会的生活状况，具有很高的艺术价值和审美价值，也为世界文化的发展贡献了很大的力量。后人通过对优秀的英美文学作品的研读和分析，提升自己的鉴赏和创作能力。

二、英美文学作品中体现的人的本质

英美文学作品一般通过细节化的方式将人的动作、语言、神色阐述出来，从语言上促使人物形象得以饱满，而人物的心理活动则不会用直白的语言表达出来，通常会采用人物的小动作或者其他人的视角描述出来，最后通过对几个主要人物以及周围环境的细化描写，提炼出所在时代的普遍情况和社会问题。例如《威尼斯商人》，以一场官司作为矛盾冲突的集中体现，对在场的主要人物进行细致的描写刻画，淋漓尽致地展现了善与恶、金钱与情感之间的对立。这也是其他作品中普遍出现的一个主题，为了更加充分地体现出这一点，作品对某些人物的刻画超出了合理的范围。以《威尼斯商人》中的夏洛特为例，其在文章中的出现就是为了说明人邪恶的一面。为了彰显主角的伟大和良善，作者对他的描写充满了"恶意"。无论从哪个方面讲，他身上都没有体现出任何人情味，也没有任何优点。这一极端化的角色也成为这部作品受人争议的原因之一，而这也是很多英美文学作品所具有的通病之一。

三、英美文学作品中人文素养的社会体现

（一）塑造鲜明人物形象，彰显人性本质

很多英美文学作品所塑造的背景和环境都具有现实意义。作品中的人物大多是作者为满足自身情感而创设的，一定程度上代表了作者的某种愿望。这种现实主义的描写方式从侧面彰显了所处时代社会文明的进展情况。通过对各式各样人物角色的描写，明确了当时社会基本社会阶层的人物特点和具体生存情况，对当时社会的时代内涵和文化价值等进行了解释和呈现。以《哈姆雷特》为例，作品描写了一个本性良善、正直向上的王子哈姆雷特，他以

自己的目光去看待这个世界，认为人类社会充满了幸福感，人类普遍具有正确的价值观念和发展观念。哈姆雷特竭尽全力进行复仇计划，其根本目的是让社会彻底变成自己所幻想的和谐社会。哈姆雷特在为父报仇的使命中，树立了扭转乾坤、改造世界的宏伟目标，并用尽全力去实现这个目标。无论是他的报仇动机，还是报仇手段，都体现出了这种正直、高尚的特点。这让读者充分体会了哈姆雷特对美好世界的向往，对真、善、美的追求。如这部作品所言，人是这个世界上最为聪明的物种，因此其自身应该具有正确的价值观念，并怀有有益于这个社会的目标和理想，充分调动自己所具有的智慧、勇敢、坚强等优良品质去完成它。如果每个人都是这样，那么我们的社会就必然是光明的、和谐的，这也是社会发展的意义所在。

（二）设计鲜活的情节，刻画社会发展的基本形态

英美文学作品通过一个个画面中的情景化故事，体现了当时社会的主流问题，让人们对当时的欧美社会有了一个大致的了解。英美文学作品为世界文学做出了巨大贡献，也为社会历史学科对其进行研究分析提供了十分充足的史料。一般情况下，英美文学作品中的故事情节在很大程度上将现实社会情况情景化，进而升华出当时社会的普遍价值观念；也通过更加文学性的手法，促使事物更加生动起来，促使人们对当时的文化发展情况有了相应的了解。例如，《简·爱》描写了一名不畏命运的女性，她在经历各种艰辛、坎坷后，仍不放弃追求自己的幸福，最终赢得了自己想要的自由和尊严。这部作品描写了那个社会中女性权利的不断崛起，体现了人们的价值观念在朝着正确的方向发展。英美文学作品通过对人物和事件进行深入的描写和刻画，良好地体现了人文素养、社会发展趋势、时代特点等。

（三）源自社会生活，呈现不同时代下的人性追求

英美文学作品除了反映当时的社会现状外，也体现了人本身所期望的人性，通过各种情景化的描写，将这一核心理念进行深入的描写和刻画，使人文素养得到了淋漓尽致的发挥。《哈姆雷特》中的主人公看尽了人性的邪恶和阴暗，但还是希望能凭借自己的努力唤起人的本性，还给人们一个和谐、美好的社会。《简·爱》从女性的角度描述了社会变化对女性的启迪，描写了那个社会的发展进步，也充分地体现了女性对权力和平等所具有的新的认知，并竭尽全力去维护属于自己的幸福和自由，很大程度上帮助女性维护了她们的权利。

四、依托英美文学作品的人文素养提升策略

可以依托英美文学作品，加强对其他文化的认识和了解，从而促使人文素养的提升，具体可以从以下几点入手。

（一）认识文化差异，革新思维方式

中西方文化有着本质性的区别，不适合用东方的文化思路来思考西方的文学作品。英美文学作品和中国文学作品之间最大的区别在于人物描写。研究者为切实地明确作品想要表达的核心精神和思想感情，可以从反复推敲词语入手，从词语上了解其想要表达的含义，再扩大到句子乃至段落中，从而全面了解作者对作品所赋予的内涵。很多学习者在研究英美文学作品时遇到的最大问题就是文化根基的差异。因而，学习者要从对作品的文化根基的了解做起，切实地领会到作者想要表达的人文观念。

（二）提高审美水平和认知

学习者在加强自身文学修养的同时，也要有意识地提升自己的审美素养。

学习者要对作者在作品中使用的语言和表达方式进行深入的了解，以便实现对整个作品的了解。不同作者的写作方式是不尽相同的，学习者在研究作品时应该对作者的写作风格进行深入的了解。由此可见，全面性地提升自身的审美素养是赏析英美文学作品的必要条件。

（三）提炼社会价值，形成思想共鸣

英美文学作品影响的范围和深度不断得到拓展，以女性为主人公的一些作品受到很大的关注。女性逐渐意识到自己在其所处社会应该具有的价值，开始抗争剥削和歧视、追求自由平等，给读者以很大的触动。以《简·爱》为例，作者所描绘的女主人公即便遭受再多的不公，仍不放弃追求自己所想要的自由，为更多的女性追求幸福提供了精神上的支持。

（四）挖掘人文因子，完善学生人格

英美文学作品蕴藏着大量人文素材，在语言表达方式、句法构成、语法规则等方面潜藏着人文因素。在教学过程中，教师要有目的、有针对性地开展人文教育，引领学生用心体会作品中的世界，感悟和联想自己的实际情况，从而实现自我人格的完善。在讲解文学作品时，教师可以鼓励学生写书评，使学生进行更加深刻的反思；也可以适当地为学生播放由文学作品改编而成的影视片，给学生以更有效、更直观的精神冲击，从而帮助学生认识到自己的不足。

充分剖析和挖掘英美文学作品中的人文素材是促进学生外语语言能力发展、提升学生人文素养的重要手段之一，也是我国素质教育背景下外语教学内容丰富、创新的结果。本节从四个方面对英美文学作品中人文素养的体现进行了研究，希望为相关教育工作者提供强有力的助力。

第四章 英美文学教学概述

第一节 英美文学教学的目标内涵与层次定位

在我国，英美文学史课程的教学主要是通过英美文学课来进行的，通过学习各个时期英美文学史上主要代表作家及分析其代表作品，让学生对英语国家的历史文化、作家等有所了解，提升学生对文化差异的敏感性，培养他们对作品的洞察批判能力，从文化方面深入理解英语学习的内容。在这样的教育背景下，英语教师应该如何根据学生学习能力的实际情况来制定合理的教学方案？如何对教学内容及形式进行创新，提升学生英语学习能力，同时也加强他们的文化修养呢？笔者就自己的教学体验谈以下几点体会。

一、英美文学教学目标内涵与层次定位的主要内容

（一）阅读体验

学生良好的阅读体验是学习英美文学的前提，也是帮助学生找到英语学习乐趣的重要手段。好的英语阅读习惯是要经过长时间的培养的，如果在学生最初的学习阶段就具有良好的阅读习惯，能够尽早地感受到愉悦的英语阅读体验，同时能够有效地激发学生对英美文学的求知欲望与兴趣。教师可以根据学生的学习能力及阅读水平有针对性地给他们提供一些有趣的、可读性

强的文学作品，如《简·爱》《绿野仙踪》《汤姆·索亚历险记》等，帮助他们在阅读的伊始拥有良好的阅读体验，再慢慢地引导他们阅读更多的文学作品。

（二）阅读知识

学生拥有了良好的阅读体验，就要开始英语知识的积累。每一个好的英美文学作品背后都蕴含着非常深刻的意义，在进行英美文学阅读的过程中，学生如果没有一定的英文知识积累，就很难理解到文章中的真正内涵。教师可以通过开展各种活动，如讲座、知识问答、英语角等让学生对阅读的作品中可能会涉及的知识有广泛的涉猎和积累。其目的是帮助学生更好地理解英美文学中的结构、历史及内涵，从而扩大自己的知识储备，开阔自己的视野。

（三）阅读方法

当学生拥有了良好的阅读体验和强大的阅读知识后，就需要选择合适的阅读方法来提升自己的学习效率和质量。有时英美文学作品的阅读会略显枯燥，教师可以通过群体阅读、小组阅读、模拟剧场等方式改变学生的阅读方式，让个体的阅读加入形式多样的活动，丰富学生的阅读方式，同时也能增强学生的阅读体验，从而形成良性阅读习惯。

（四）深入挖掘英美文学的背景

一个英美文学的作品一定承载了悠久的历史及当地的传统文化，通过作者的文笔可以想象到作者的性格。当学生阅读英美文学时，第一次的阅读能够让学生了解到文章的结构及大意，而第二次、第三次阅读时，我们就能够发现其中更多的内涵。当学生充分了解英美文学的内涵后，会激发出学生强烈的求知欲望，学生会有想要无限地探索下去的欲望。

二、英美文学教学目标内涵以及层次定位实施的主要方式

（一）合理地设置英语课程

学校应该重视安排英语课程的设置，课程设置的周学时数应该增加。教师则应该思考如何用更加丰富的课堂内容来吸引学生的注意力，让学生接触更多类型的英美文学作品，增加他们的阅历。为了设置英语课程的合理性，教师应该结合学生实际的兴趣来选择课程内容，从全面发展学生能力的角度出发，推荐更多有趣的阅读刊物，巩固学生在课堂上学习的知识，让学生收获更多的英美文化。

（二）创新英美文学教学方式

英语老师应该结合多样化的内容来创新出更多的教学方法，营造一个更加轻松愉悦的教学氛围。例如，在英美文学的教育课堂上，教师可以采用情境教学法来完成英语课程的教学，根据课堂内容的背景，打造一个贴合文学内容的环境，让学生有身临其境之感，促使学生更加迅速地融入学习内容中，激发学生的学习潜能，提高学生对英美文学的学习热情。教师在情景教学中，用简洁的语言来陈述英语学习中的重点与难点，让学生更加快速地理解和掌握。

总而言之，英语教学内容中最为重要的内容就是英美文学，在英美文学的内容中隐含了许多具有价值的理念，它的文化底蕴不是通过一门教学课程就能够完全展现出来的。因此，英语教师要带领学生寻找到英美文学教学目标中的深层内涵，准确找到英美文学教学的多个层次定位。在进行英语教学的过程中，英语教师要不断强化自身的专业素养与业务能力，创新更多的英美文学教学方法，为学生营造出一个更加轻松的英语学习氛围，激发学生学

习英语的潜能，促进学生英语学习能力的提升，为我国未来的教育发展奠定更加坚实的基础。

第二节　批判性思维与英美文学教学

批判性思维是指通过一定的标准来评价思维进而实现改善思维的思维能力和思维倾向。其最初可以追溯到苏格拉底。伴随知识经济时代的到来，尤其是在高等教育发展目标的指引下，高校英语专业的学生不仅需要掌握一定的理论知识，也需要通过批判性思维在英美文学教学中的运用来培养思辨能力。在这种情况下，进行批判性思维与英美文学教学改革具有重要的理论意义和现实意义。

一、批判性思维与英美文学教学

从批判性思维的内涵上，可以知道其既是一种能力，也是一种品格。通过批判性思维的培养，能够帮助人们更加敏锐地发现、分析、解决问题。同时，批判性思维作为培养学生思辨能力的重要形式之一，其核心内容与现代教育学科的批判性思维能力有着密切联系，对我国高等教育以及高校英语专业学生能力的培养具有重要影响。在我国高校的英美文学教学中，批判性思维的运用及培养至关重要，其是由传统知识理论教学向素养技能培养转变的重要内容。对于英美文学的教学目标，有学者提出要注重学生对英美文学原著的阅读体验、基础知识学习、批判的基本知识与方法，来帮助学生在了解英美文化、国民性格的基础上更好地了解人生的意义。在这种教学目标的指引下，将批判性思维运用到英美文学教学改革中显得尤为重要。

我国出台的《高等学校英语专业教学大纲》中对高校英语专业课程中英美文学教学目标和教学内容进行明确规定，文学课程的目的在于培养学生阅读、欣赏、理解英语文学原著的能力，掌握文学批评的基本知识与方法。通过阅读和分析英语文学作品，促进学生语言基本功和人文素质的提高，增强学生对西方文学及文化的了解。其中英美文学课程的授课内容包含了文学导论、英国文学概况、美国文学概况及文学批评等。

二、英美文学教学发展现状

在英美文学课程教学中存在教学方式单一、学生主体性不强的问题，不利于学生思辨能力的培养。在传统大学英语教学目标的规定中，强调语言作为文化传播发展的重要载体，通过人与人之间语言的交流，能够更好地了解社会文化的发展现状和关键信息，这也决定了语言具有工具性与人文性的双重性质。长期以来，教师在进行大学英语教学时，往往只注重工具性作用的发挥，进而忽视了英语的人文性作用。这种现象直接反映在英美文学教学的发展过程中，由于部分学生对西方文化的不了解，尤其是对英美文学知识的相对匮乏，面对这一现状，英语专业的英美文学教学以教师讲授为主，导致学生学习的主体性很难得到体现。

在传统英美文学教学中，受教师授课方式以及模式的影响，英美文学教学普遍存在教学效率低下、师生互动性不强的现象，这不利于培养学生的批判性思维能力。由于传统的英美文学授课方式多是依赖教师的课堂讲授，这种单纯的知识授课不利于培养学生发现问题以及探索意识的培养。与此同时，受大学课程设置以及教学计划的影响，英美文学的课程讲授时间是有限的，教师一般在对英美文学节选作品以及与作品相关的内容讲授完成之后，很难有多余的时间去引导学生进行相关内容的讨论以及问题的思考。正是在以上这种教学现状的影响下，学生与教师之间很难进行深入的沟通和探讨，学生往往只是机械地接受教师讲授的理论知识，并未对所学文学作品的内在价值和背后的社会文化进行深层次的思考，因而未能实现培养学生独立思考能力及批判性思维能力的目标。

三、运用批判性思维进行英美文学教学的实施建议

在英美文学教学改革发展中，为更好地培养英语专业学生的批判性思维，教师要积极开发混合式课程，创新运用多种教学方式以营造良好的批判性思维教学氛围。在传统教学方式单一、学生学习主动性不强的发展现状中，英美文学教学很难让学生在理论课程的学习中发挥主体性，实现学生的主体价值。对此，为更好地将批判性思维运用到英美文学教学中，教师作为课程活动的指导者、组织者和实施者，要积极转变传统讲授式的教学方式，尤其是填鸭式教学方式，在积极运用多媒体教学等多种教学方式的基础上，实现教学环节的创新，让学生不仅在课堂中掌握相关理论知识，同时积极引导学生进行问题的思考，增强师生之间的互动交流。与此同时，在混合式课程构建中，教师要充分运用互联网网络教学模式，发挥其在时空界限上的优势，营造开放式、互动性较强的课堂教学氛围。如教师可以将英美文学作品改编的电影作为课程教学案例，通过课程教学构建的网络平台相关模块，让学生对电影作品中的人物和事件进行分析，并在之后的课程交流环节进行分享。

为了更好地在英美文学教学中培养学生的批判性思维；教师在运用混合式教学模式的基础上，还要引导学生在问题导向式学习中养成良好的批判性思维，以更好地提升学生发现问题、分析问题、解决问题、判断问题以及评

价问题的能力。问题导向式学习强调一种以问题探究为主的学习方式，学生在教师的引导下能够对课程的相关内容进行详细了解，并在课堂中以讨论交流的方式实现理论知识的巩固与发展。对此，在实际的教学实践中，教师为更好地鼓励学生对英美文学作品的解读和探究，可以通过课题布置的方式，让学生在了解国内外学术界对该课题研究发展现状的前提下，在掌握英美文学作品课题研究方法的同时对作品的背景以及蕴含的社会文化进行深层解读。与此同时，在学生对英美文学作品有一定了解的基础上，教师通过一定的质疑或问题设置引导学生自主思考，让学生从新的角度重新认识到自己的观点，进而使学生的思维更加严谨细致。如教师在讲解《鲁滨孙漂流记》时，可以让学生在中国知网等数据库中查找相关的研究成果，并根据自己的认识和理解选择适合的课题进行深入研究分析。在英美文学课程后期，让学生将自己的研究课题进行汇报、答辩，并在之后进行一定的自我批评和反思，正确认识到自身思维存在的不足。

综上所述，伴随全面改革的深化发展，批判性思维作为一种新的教育理念，最早可追溯到 20 世纪初的反思性思维，尤其是在我国实施教育改革的重要时期。英美文学作为一门对学生思维能力有较高要求的课程，在该课程中实现学生批判性思维的培养显得尤为重要。在英美文学教学中运用批判性思维这种新教育理念，有助于在实现人才培养模式创新发展的同时，推动我国教育教学改革的深入发展，培养适合社会主义发展的高素质人才。

第三节 新媒体时代的高校英美文学教学

随着现代信息技术的迅猛发展，以互联网、手机和数字电视等为代表的数字化新媒体逐渐普及，给人们的生活和生产带来了巨大的影响，人类开始迈入数字信息时代，新媒体不再是少数精英媒体，而是大众媒体和个人媒体。本节拟分析新媒体时代我国高校英美文学教学面临的机遇和挑战，探讨如何在新媒体背景下改革教学模式，提高教学效率。

一、新媒体的概念与特征

1967 年，美国哥伦比亚广播电视网研究所的所长哥尔德·马克首先提出了"新媒体"（NewMedia）概念，联合国教科文组织后来把新媒体定义为网络媒体，美国的《连线》杂志把新媒体解释为"所有人对所有人的传播"。新媒体与传统媒体电影、广播、电视、报纸、杂志等相比。其内容和传播方式都发生了变化，被称为动态的、发展的"第五媒体"，它依靠数字技术、网络和移动技术，通过互联网、无线通信网及有线网络等方式，依靠手机、电脑等客户端，为使用者提供信息传播方式和媒体手段，包括网络媒体、手机媒体、数字电视、移动电视、微信等多种形式。新媒体因为个性化的传播方式，也被称为"个人媒体""自媒体"。

与传统媒体相比，新媒体有明显的特征与优势。第一，方便快捷。依靠新媒体，人们获得和浏览信息的方式不再受到限制，可以随时随地进行，并能随时发表评论。第二，即时性。新媒体的传播方式不受时空限制，更加灵活、快捷，可以了解世界实时最新信息，还能看到同步反馈。第三，互动性。

新媒体最突出的特点就是互动性，打破了传统媒体传播的话语霸权，新媒体用户可以通过手机、电脑发表消息和意见，有利于个性发展和言论自由，为社会进步提供了新动力。第四，丰富性。新媒体带来海量的资源，开阔了人们的视野，每个人都可以通过新媒体在网上获得需要的信息，也可以看到相关评论。另外，新媒体还具有集成性、公开性、大众性等特点，体现了新时代追求个性自由的信息化生活方式。

大学生是新媒体使用人数最多、最活跃的群体，几乎每位大学生都有智能手机，是新媒体的主要使用群体。美国学者Jones.C曾经说过，新媒体时代，学生才是"数字土著"。新媒体的普及使学生的学习方式发生了巨大的变化，学生可以随时随地获得信息，成为"新媒体"时代的新主体。在此背景下，传统的文学教学方式已不能满足新媒体时代学生对学习的要求，英美文学教学要改变教学策略，创新教学，构建适应新媒体时代的新的教学模式。

二、新媒体与英美文学教学结合的必要性与可行性

新媒体传播的丰富性、互动性、公开性、多元性可以弥补英美文学教学的弊端，为英美文学教学改革提供新的机遇。首先，英美文学的教学目标是通过指导学生阅读文学原著，了解英美文化知识，提高英语语言运用能力，可以利用新媒体信息资源和传播方式，培养学生的"批判性思维"，并为学生提供更多优质的课程资源和更加灵活多样的学习机会，也可以缓解教育机会和教育资源不均衡问题。教师可以引领学生观看、研读、欣赏、讨论和学习文学原著，逐渐改变学生不阅读原著的现象，加深学生对作品的理解，形成批判性思维。其次，新媒体丰富的资源适合英美文学的教学内容要求。新媒体时代，学生可以通过网络获得大量优秀英美文学资源，如慕课、微课课程等，学生可根据自己的实际情况自由学习，突破时空局限，实现自主学习。

尤其是很多文学名著都被改编成电影，教师可以选择优质资源推荐给学生，学生可利用电脑或者手机随时随地观看和学习。电影因为更加直观、生动和形象，能够激发学生学习兴趣，加深对作品的理解。最后，新媒体时代使英美文学的教学方式更加多元化。新媒体时代，英美文学教学不再局限于课堂上有限的时间，学习可延伸到课外和线上线下。学生可以根据教学内容和教师布置的任务，借助网上英美文学自主学习平台，选择自己感兴趣的内容或者教学中的重难点反复观看，进行个性化自主学习。教师可以通过微信、微博等互动平台，建立讨论组，组织实时或者离线讨论，学生可自主发表自己的看法，成为学习的主人，提高学习效率。

三、新媒体时代英美文学教学设计

新媒体时代，英美文学教学可以利用移动平台、手机终端等新的交流方式，开展教学理念、教学内容、教学方式、教学评价等多方面的改革，充分发挥新媒体在英美文学教学中的作用，改变英美文学教学模式，实现英美文学教学的改革创新。

（一）教师转变教学理念，和学生建立新型的平等协助关系

在传统英美文学教学中，教师作为知识的传授者，掌握着主要的教学资源，拥有课堂的主导权和话语霸权。新媒体时代，教师已经不再是唯一的知识来源，学生可以通过网站或者其他渠道获得学习内容，也可以通过微博、微信、论坛、贴吧等方式进行学习，对老师的依赖性逐渐减弱。因此，教师应和学生建立新型的、民主平等的师生关系。

首先，新媒体时代的课堂不再是以教师为中心的"一言堂"，教师的主体地位已经改变，教师必须要改变教学理念，调整自己的课堂角色。建构主

义理论认为，学生的学习是一个积极主动的构建意义的过程，主张个性化教学、交互式教学和任务型教学等，教师由单纯的知识传授者、灌输者变为让学生积极主动建构意义的帮助者和促进者。英美文学教师要充分发挥学生的主观能动性，主动鼓励学生进行自主学习和研究，实现教师与学生角色的转变，确立教学中学生的主体地位和教师的主导地位，激发学生学习动力。

其次，新媒体时代的教师要转变传统理念，成为学生学习的引导者，加强与学生的互动。新媒体时代，教师不再是唯一的"传授者"，学生也不是被动的"接受者"，双方应该是新型的互动协助关系。教师应该像朋友一样对待学生，和他们平等交流，帮助学生解决问题；学生可以通过网络工具，发表自己的想法和评论，成为信息的发布者。因此，教师要经常浏览这些通信媒体或者微媒体，登录学习平台、网络论坛等，了解学生学习动态，加强与学生之间的互动，为学生答疑解惑。

最后，新媒体时代的教师要提高自身的新媒体素养和能力。教师要熟悉新媒体的功能和使用技能，学习和借鉴优质英美文学教学资源，利用新媒体技术，制作视频，把网络资源和教材有机结合，为学生展示更加丰富多彩的教学内容，做好信息资源的筛选者和提供者。教师也可以为学生推荐学习平台或应用软件，创建英美文学交流群，组成英美文学学习社区，共享学习资源，营造良好的学习氛围，帮助学生提高英语交流沟通能力。

（二）教学内容充分利用新媒体资源，使用慕课和微课

新媒体背景下，教学内容不再是单一的教材，而是包括了所有与教学相关的读、听、视资源，教师可以自由拓展教学内容，可以就作家作品分析文本，观看解读视听资源等，满足学生学习多样化的要求。其中，慕课和微课资源更能丰富英美文学教学内容。

慕课，即英文 Massive Open Online Course，简称 MOOC，意为"大规模开放式在线课程"，是具有分享精神的组织或者个人将独立的课程发布在网络上，使知识更为快速地传播。慕课的特点是开放性、灵活性、多元化、共享性等。目前国外慕课与著名大学开展合作，建立了三大新教学平台：Udacity、edx、Coursera。国内高校如清华大学、北京大学、复旦大学等也借鉴三大平台开发了自己的课程。随着慕课的盛行，国内其他慕课平台也相继成立。很多大学也推出了一些与英美文学课程相关的学习网站，如广东外语外贸大学、四川外国语大学、南京师范大学等。以上大学所创建的学习网站上有英美文学精品课程、教学课件、电影视频、课后作业、英美文学试卷以及相关资源等。教师可以充分利用这些线上慕课资源，在慕课平台上挑选适合学生观看的英美文学教学视频，实现国内外大学的资源共享，引导学生学习丰富而精彩的文学课程；学生足不出户就可以了解到中西学者对英美文学的研究和阐释，领略到国内外教师的授课风采，拓展学习的视野，提升文学修养。英美文学课采用慕课教学，可以改变传统教师"一言堂"的填鸭式教学模式，学生按照教师布置的任务，通过网络平台进行自主学习，对相关问题展开讨论，然后完成作业。这种传统课堂与慕课结合的混合式教学方式通过"自学—讲授—讨论"模式，增强了教师与学生之间的互动，整个教学过程中学生始终处于积极主动的学习状态，更有利于培养学生的思辨能力、合作能力和创新能力，提高了课堂教学的效率。

教师还可以充分利用"微课"资源。"微课"指的是以视频为主要载体，时间一般 3~5 分钟，教师围绕某个教学知识点或教学环节进行的简短、完整的教学活动。微课在英美文学教学中用途多种多样，如历史背景和作家作品介绍、分析作品内容以及解答学生的各种疑问等。微课既可以讲解重难点，也可以作为学生预习、复习的资料。教师可以将重难点内容做成微课视频让学生学习，学生可以重复观看。微课结合了教师讲解的内容、画面、视频等形式，能为学生直观地展示出作家和作品内容，加深学生印象。英美文学课程微课的制作根据课程内容，可以分为板块和主题设计，如宏观介绍性的主题内容可以为"浪漫主义时期诗歌""现代主义时期小说""英国戏剧演变""美国现实主义时期的文学"等，使学生对英美文学发展史有整体性和脉络性的了解。微观分析型的微课可以具体到作家作品，比如，设计弥尔顿诗歌的微课，内容包括弥尔顿简介、无韵诗、《失乐园》的难点讲解、诗歌朗诵、拓展内容等。同时，教师还可以进一步丰富线上课程资源，建立英美文学资源库，如英美经典作品改编的影视库、英语诗歌朗诵的音频库等，学生利用英美文学多模态资源，可以调动多种感官学习，从而多方面加强对文学原著的理解，提高学习效果。

（三）教学方式多元化，实行"翻转课堂"

新媒体时代，英美文学教学还可以采取"翻转课堂"教学方式。"翻转课堂"是新媒体技术和教育结合的产物，实现了"线上线下"学习，兼顾了网络教学和实体课堂，是英美文学教学改革的出路。"翻转课堂"英语原名是 Flipped Classroom 或 Inverted Classroom，也称为"反转课堂式教学模式"。学生在课前可以通过网络在线学习老师上传的视频知识讲解，在课堂上针对观看过程中的问题和困惑与老师和同学交流，让教师答疑解惑。"翻转课堂"自 2000 年出现以来，在国内外发展迅速，已经渗透到教学改革的各个领域。它颠覆了传统课堂的"课前预习，课堂讲解，课后作业"的单调教学流程，学生课前可以自主学习教师上传的音频、视频等教学材料，课上参与课堂互动活动，如共同讨论、合作学习等，课后进行总结提炼，完成作业。

英美文学的"翻转课堂"教学方式应把重点放在学生对内容的理解和消化上。"翻转课堂"教学模式符合建构主义教学观，让学生在一定的情境中主动去建构知识，强调学生学习的主动性和主体性。如对美国作家纳撒尼尔·霍桑的作品可采用"翻转课堂"进行教学，教学目的是了解19世纪浪漫主义文学特征及清教主义思想的影响、霍桑作品的艺术特色及主题等。课前先录制两组微课，内容主要是美国浪漫主义特点、清教主义思想介绍以及文学理论知识象征主义的讲解。教师根据视频内容在互动平台上设置问题，检验学生观看学习效果，得到学生的不同反馈后，适当调整教学内容。课堂上，教师指导学生赏析文本，要求学生以组为单位提交学习报告，然后对提出的问题进行课堂讨论，教师通过检查笔记或者提问的方式，对学生的问题和微课内容进行总结，并组织学生展示学习成果。课后要求学生完成学期论文、戏剧表演、故事续写等任务，不仅可以丰富课堂内容，更能培养学生的思辨能力。霍桑的《红字》已经多次被改编成电影，最新的一版是1999年，小说的结局在电影中改成了大团圆结局。不管是忠于原著的版本，还是为了迎合现代观众欣赏口味的改编版，学生都有自己的评判标准。教师可以组织写影评，培养学生的开放式思维，加强学生对作品理解。总而言之，翻转课堂能把英美文学教学延伸至课前和课后，丰富学生学习内容，提高学习效率。

（四）利用新媒体进行英美文学多维度考核

传统的英美文学课程考核方式基本上以期末考试卷面成绩为主、平时成绩为辅，形式单一。新媒体时代学生学习方式多样化，英美文学教学要根据学生平时的具体表现进行综合性测评。英美文学课程的考核可以采取多种评价方式进行综合测评，比如，课前学习情况评价、课堂表现评价、课外表现评价和期末论文等，从多方面考察学生的学习效果。课前学习情况以学生自评为主，让学生观看视频内容并参加小测试进行检测，以检查自己对内容的学习情况。课堂表现评价，教师可以根据学生课堂上的表现、学习态度、学习情况等进行评分。课外表现评价主要是学生参与戏剧表演、诗歌朗诵、电影配音等与文学相关的活动中的表现情况。除了期末试卷外，学生的课程论文也可以计算在考核之内，这也是检验学生学习成果的重要手段。总而言之，新媒体时代学生的考核方式要从多方面、多维度对学生进行测评，进而激发学生学习兴趣，提高学习效率。

第四节　基于"互文性"的英美文学教学

"互文性"概念是 20 世纪 60 年代由法国后结构主义批评家克里斯蒂娃首先提出的。作为当代西方文论中的重要术语，"互文性"有双重焦点，它既强调文学文本与其他文学文本之间的相互关联，也关注文学文本与其所处的历史、社会、文化及政治语境的相互映射。文学文本不是孤立或封闭存在的，"任何文本都是由引语的镶嵌品构成的，任何文本都是对其他文本的吸收和转化"。这里的"其他文本"，即"前文本"或"互文本"，可用来指涉及历史层面上的文学作品，也可指共时层面上的社会历史文本。而"吸收"和"转化"既可以通过文本中的引用、戏拟、仿作、拼贴、借鉴等互文写作手法来确立，也可以在文本阅读过程中通过发挥读者的主观能动性或通过研究者的实证分析、互文阅读等实现。"互文性"强调文本意义的流动性，引用法国学者蒂费纳·萨莫瓦约在《互文性的研究》一书中的说法："互文性让我们懂得并分析文学的一个重要特性，即文学织就的、永久的、与它自身的对话关系，这并不是一个简单的现象，而是文学发展的主题"。因此，运用互文理论分析文学文本可以使文学评论跳出文本本身，将其置于更加广阔的关联场域中加以阐释，从而形成一种开放性的研究视野。这种开放性的互文性理论给文学文本的阐释注入了新的活力，也为外语教学，尤其是英美文学的教学提供了新的研究视角。在互文性理论关照下的英美文学课堂中，既有不同的文本间的互文解读，也有教师、学生和文本的互动，更有文本与历史和文化跨越时空的对话和共鸣。因此，英美文学的互文教学搭建的是一个充满"对话"和"交流"的场域，它是所有主体之间、所有文本之间的意义交流。

一、文本对话层面的互文

文学文本离不开传统，离不开对其他文学文本的吸收和转化。艾略特在《传统与个人才能》一文中强调了作家恪守传统的重要性。遵循传统并不会扼杀创新，恰恰与之相反："不仅最好的部分，而且最有个性的部分都是前辈诗人最有力地表明他们不朽地位的部分"。好的文学作品必须进入整个语言系统和文学网系之中，在与其他文本构成的"互联网络"中，才能产生意义，指向现实世界。根据互文性理论，每一个文本都是对其他文本的吸收和转化，它们之间相互参照、彼此关联。其他文本可以是"前人的文学作品、文类范畴或整个文学遗产，也可以是后人的文学作品，还可以泛指社会历史文本"。由此可见，一部文学作品的互文阅读可以呈现出多种方式。通过文本细读的方式来分析英美文学经典作品中多种形式的互文现象，多维度审视文本，发掘文本之间暗藏的千丝万缕的联系，可以延伸原文本的意义，丰富其内涵，实现对文本的多元化解读。例如，英国 19 世纪小说家萨克雷借用了 17 世纪作家班扬《天路历程》中描写的市集的名字"名利场"（Vanity Fair）作为自己小说的标题。班扬笔下的浮华市场出售世俗所追求的各种名利和享乐，充斥着各种肮脏的交易和欺骗。萨克雷以此来讽刺当时英国上流社会的浮华和堕落，前文本与现文本通过标题实现了跨越时空的互文，使读者加深了对现文本的理解。再如，英国诗人拜伦在《她在美中行》这首小诗中这样来歌颂女性之美："增一分阴影／减一丝光线／都将有损那难以言喻的／波动在她绺绺黑发上／或轻笼在她面庞上的风采。"（查良铮译）此句与战国末期楚国诗人宋玉描写的"东家之子"有惊人的相似之处，"增之一分则太长，减之一分则太短。著粉则太白，施朱则太赤"（《登徒子好色赋》）。两个国别，一个主题，同种意境，美得都这样张弛有度、恰到好处，令人不禁感叹文学作品的异曲同工之妙。文本的互文让读者在跨文本间，通过相互关照获得亲切感。与此同时，存在于文本内部的语言也灵动起来，文本因此变得更有生机。如果没有跨文本的互文解读，这种阅读的美感是难以实现的，同样的互文在英美文学作品中不胜枚举。如果在教学过程中教师能帮助学生将知识和经验体系中的已知文本或前文本用来解读英美文学作品，将会极大激发学生学习文学作品的潜能和感悟力，提高英美文学的教学效果。

二、主体对话层面的互文

师生互动的课堂情境能够构成另类的"互文"。这种互文教学模式强调文本意义的开放性，打破教师的话语垄断，倡导以学生为主体的课堂模式，要求学生积极主动参与到文学作品的阐释过程中。教师引导学生走进作品，进行批判性的思考，并发挥自己的主观创造性思维来填补作品空白。这一过程是教师、学生、文本之间进行"对话"和"交流"，即师生或生生对文本意义的理解、阐释、深化和延伸的综合过程。例如，在阅读笛福的《鲁滨孙漂流记》时，有人认为这是一部教育小说、一部成长小说。教师可以引导学生将这部小说与其他成长小说进行对比，总结成长小说应该具备的传统要素和人物的成长历程模式。教师还可以引导学生对这部小说进行批判性阅读，从后殖民主义的角度来审视鲁滨孙对"弱者"或"他者"思想的蚕食和文化奴役。学生在这样的学习过程中才会真正明白教师不是文本意义的把握者，作者也并非作品思想的终结者。再如，英国文学的开山之作《贝奥武夫》讲述了蛮荒时代英雄大战妖怪的故事。远古时代是否真有人魔大战的故事？中国古老的神话中是否有类似的故事？为什么那个时期会出现这样的故事？在教师的问题引导下，在民主、和谐和平等的课堂氛围中，学生变被动为主动，积极参与到文本的阐释和知识构建中来，学习用批判和创新的视角解读经典作品，并融通不同时代和不同国家的作品加深理解。这种教师、学生、文本之间"对话性"的教学能够改变以往单一、线性的教学模式，呈现出多维度、多层次、综合性的教学模式。教师边教边学，学生边思考边学，真正实现"教学相长"，从而实现英美文学教学的良性循环。

三、文化层面的互文

文化与文本具有"互文性"，是一种互动关系。要阐释一个文本的意义，就要将文本置于文化背景中审视，探讨文学文本周围的社会存在，即探讨文学文本产生时的文化内涵。文化互文性不仅要强调文本的文化信息，更强调阅读者基于自身的文化内涵对文本的解读，包括阅读者的认知心理、文化惯例、社会习俗和宗教价值观等，阅读者对先前文本知识的寻求与当前文本的分析和理解就形成互文关系。在英美文学教学中体现出来的文化对话归根结底是指中国文化与英美文化之间的对话。这就要求教师在英美文学教学实践中，帮助学生树立正确的价值观，尤其是思想文化观，弘扬中华民族的优秀文化。比如，学习班扬的《天路历程》时，很自然会联系到《西游记》。两部作品尽管创作于不同民族、不同时代，但是它们在主题、情节和宗教意义等方面有着毋庸置疑的相似性和互文性。通过互文解读，一方面，可以理解当前文本《天路历程》中的精神救赎；另一方面，对互文本《西游记》中体现出的丰厚的中国文化魅力有了更多的思考和感悟，既有儒家坚忍不拔的精神，又有佛家大慈大悲的爱心，更有道家对于宇宙人生的宏大思考。美国作家梭罗的《瓦尔登湖》堪称东西方文化交流模式的绝佳范本，书中处处流露着中国文化意蕴，其中多次引用了儒家经典《四书》中的语录，与道家和禅宗思想也有很多不谋而合之处。中西文化在同一作品中相互映照，从一个文本跨越到另一个文本，读者在这样创造性、开放性的互文空间中感受东西方文化的魅力，通过解读促进两者的相互理解和包容。诚如叶维廉先生所言："文化交流的真义是，而且应该是一种互相发展、互相调整、互相兼容的活动，是把我们认识的范围推向更大的圆圈的努力"。

四、媒体层面的互文

以电影、电视、网络等图像符号为标志的"影像文化"给英美文学教学带来巨大冲击的同时，也给英美文学教学带来了创新和改革的重要机遇。影像资源集声音、图像、动作于一体，能使原本抽象、枯燥的语言内容具象化、生动化。而英美文学有着极为丰富的影像资源，运用得当，可以为教师和学生提供丰富的互文教学资源，拉近文学与读者的距离，并将极大地提高学生的学习兴趣，对文学的学习无疑将会起到推波助澜的作用。例如，英国玄学派诗人邓恩在其最具特色的诗歌《跳蚤》中把美好的爱情比作吸人血的跳蚤，相爱的双方通过一种跳蚤结合在一起："它先吸我的血液，然后是你，我们的血液在它体内融合在一起"，跳蚤成了婚姻的殿堂。跳蚤的意象实在很难让读者产生好感，觉得荒诞无稽，无法解读。但这种"你中有我，我中有你"的奇妙结合与元代管道昇的《我侬词》却有异曲同工之妙。管道昇是元代书画家赵孟的妻子，据说赵孟知天命之年也想学当时的一些名士纳妾，便拐弯抹角地写了首曲子表达纳妾之意，管道昇看过后，便写下了这首词："你侬，我侬，贰煞多情。情多处，热似火。把一块泥，抢一个你，塑一个我。将咱们两个一齐打破，用水调和。再捏一个你，再塑一个我。我泥中有你，你泥中有我。与你生同一个裘，死同一个椁。"赵孟在看了《我侬词》之后，不由得被深深地打动了，从此再也没有提过纳妾之事。词中用泥巴表达爱情，初读时匪夷所思，仔细品味又觉堪称绝妙。在这种审美的牵引下，再去读《跳蚤》，两首小诗出现了交互点，从一个文本跨越到另一个文本，读者在这样创造性、开放性的互文空间中，越过作者更加顺畅而又别出心裁解读文本。

综上所述，从文本对话、主体对话、文化和媒体四个层面入手，将"互文性"作为一种指导英美文学教学的理念全面贯穿于教学活动，可以帮助学生建立关于文本细读的意识，改变传统教学中陈旧的教学方法，真正让学生成为教学活动的主体，使得英美文学教学更具真实性和自主性，从而培养学生阅读、欣赏、理解英美文学原著的能力，有效促进英美文学教学质量的提高。

第五节　英美文学教学与人文思想渗透

现如今，很多学生表示在英美文学学习的过程当中存在着一定的困难，对此就需要教师能够转变传统教学模式，融入必要的人文思想，使学生语言技能水平不断得到提高。

一、英美文学教学现状

（一）英美文学课程安排不当

结合目前很多学校整体英美文学课程的开设情况进行分析和研究，可以发现课程安排依然不够到位及合理。英美文学教学不仅可以促进学生文学知识得到丰富，还可以通过英美文学精华让学生逐步地建立起正确的人生观、价值观和世界观。英美文学课程会对学生产生积极有效的影响，但是很多教师在课堂教学的过程当中往往过度看重教学计划，而忽略了融入人文内容。结合目前整体教学状况进行分析，大部分教师严重地忽略了对学生的个性进行有效的培养和发展。新课程改革之后，更加需要在课堂教学当中做到以学生为主体、为核心，要关注对学生的综合素质和综合能力的培养。结合当前我国大部分学校英美文学课程状况进行具体分析，很多学生没有足够的时间来对文学作品进行赏析，课堂上学生的活跃性不强、参与度不足，难以保障英美文学课程重要价值得到充分体现和发挥。

（二）教学方法比较陈旧

大学阶段是学生学习文化知识关键性的一大阶段，同时这个阶段正是学生成长的黄金时期，这一阶段帮助学生树立起正确的人生观和世界观、价值观是教师的一大使命。然而，很多学生在课堂学习的过程当中，无法被教师全方位照顾，英美文学基本上还是按照填鸭式教学模式来进行教学活动。传统的课堂教学模式之下，大部分教师往往以自身为主，忽略了学生的主体性地位。课堂教学过程当中以自己为中心，不利于激发学生的学习积极性和主动性，对于学生的学习效果提升会造成重大的影响。在教学的过程当中，大部分学生也仅仅是通过记笔记的方式记住教师所讲解的重难点知识，方便以后考试复习。教学活动开展的过程当中，部分教师所采取方式不够灵活，陈旧落后，直接阻碍了学生的学习积极性和主动性的提高，不利于学生对于文学作品深刻内涵进行深入了解，难以提高学生语言技能水平以及人文素养。

（三）教学具有极大的功利性

目前，世界各国家之间的交流沟通日益密切起来，与外国人进行沟通过程当中熟练运用一门外语是很关键的。通过英美文学课程可以让学生获得更多语言知识，还可以培养学生的语言技能，促使学生可以更好地和外国人进行沟通和交流。但是，结合目前课程教学整体状况进行分析，英美文学教学活动还是存在着极大的功利性，过度看重学生的考试成绩。教师不仅仅需要注重培养学生语言技能，更需要进一步地提升学生的人文素养，要具备正确教学思想和教学理念。忽略培养学生人文素养，直接影响到学生的英美文学作品审美能力，同时过于功利的教学方式也难以让学生综合素质得到进一步提高，对于学生的全面发展会造成重大负面影响和阻碍。

二、英美文学教学渗透人文思想的主要措施

（一）人文思想与教学目标相结合

在英美文学课程教学活动开展过程当中，教师就需要将教学目标和人文

思想相互融合起来。教学的过程对于教学内容限制并不大，每一个人都可以有自己独到的看法和观点。为了促使教学活动更加顺利开展和实施，需要教师在课堂教学开始之前确定三维目标，结合所制定的三维目标，教师可以针对教材进行更加合理有效的划分。课堂教学的过程当中，教师可以将教学目标和人文思想相互融合。此外，还可以结合教学内容制订相应的教学计划，这样，完成教师所布置的任务之后，学生就可以充分感受和领悟到文学的重大价值和重大意义，同时还可以提高学生的自身能力和素养。比如，在对莎士比亚《亨利六世》进行学习的过程当中，教师应当将教学目标和人文思想融合起来。亨利六世由于英国人打败了西班牙无敌舰队，受到了鼓舞，充满了乐观主义情绪。因此，觉得人文主义复兴完全可以实现。教学的过程当中教师要充分意识到这一点，这对于帮助学生完善人格以及促使学生建立正确人生观、世界观和价值观都具有重要的价值和意义。

（二）创新教学方法

对英美文学作品来讲，其内容也较为丰富。课堂教学的过程当中，所讲解的文学作品的素材往往会来源于不同的地方，基本上这些文学作品本身都具有很大的代表性，主要就是代表某个时期的一些文学作品。在讲解文学作品的过程当中，也需要教师能够介绍当时的社会背景。并且讲解当中要让学生先学会思考，并且对作品进行欣赏和分析，这对于培养学生独立自主分析和解决问题能力具有重要的价值和意义。学生通过自己对文学作品进行赏析，往往会产生不一样的感悟和见解。这样的情况之下可以让学生勇敢地发表自己的看法和观点，并且和其他学生进行沟通交流，集思广益。针对文学作品进行全方位的研究和分析，对于促使学生英美文学作品鉴赏能力的提升具有重大的价值和意义。另外，为了提升课堂教学质量和教学效果，教师也需要改进和创新传统教学方法，在对英美文学作品进行讲解的过程当中，需要融入人文主义思想，促使学生充分意识到人文思想的重要意义和重大魅力。

（三）培养学生正确的价值观

在当前英美文学教学的过程当中，也需要借此培养学生正确的人生观、世界观和价值观。英美文学很多作品都是源自不同的国家，这些文学作品当中都流露出独属于作者的独特的人生观和价值观。教学的过程当中，需要教师以此为契机，帮助学生树立起正确的人生观、世界观和价值观。文学作品当中很多信息会对学生思想产生重大的影响，所以就需要教师能够对学生进行合理以及科学的引导，促使学生在接受知识的过程当中逐步建立起正确的人生观和世界观。文学作品是源自现实生活的，同时又是高于现实生活的。在文学作品创作的过程中，很多都是以现实生活的事物为模板的，所以教师在教学的过程当中，需要给学生进行必要的示范，促使学生充分了解到现实生活和文学作品之间的联系性。这对于实现学生的全面发展具有重要的价值和意义。例如，在欣赏超验主义代表人物梭罗所著《瓦尔登湖》这一作品的过程当中，需要引领学生充分地了解梭罗所崇尚的孤独、简单、宁静的生活方式，并且将那种生活方式和现代极简主义的生活形式相互联系起来，这样有利于学生充分地了解到断舍离的重要价值和重要意义。另外，学习海明威的作品《老人与海》的过程当中，也需要充分让学生了解到文章当中所流露出来的硬汉思想，让学生充分地感受到不屈不挠精神的重要价值和重要意义。这一篇小说当中，圣地亚哥是一个真正的硬汉，接受命运的挑战，在艰难困苦的环境当中顽强地抗争，具备不屈的信念，通过和大鲨鱼、人马林鱼的殊死搏斗获得胜利，充分展现了圣地亚哥顽强乐观的精神。这对于帮助学生树立正确的人生观、世界观具有重要的价值和意义，同时，也有利于帮助学生形成完善的人格，让学生以后敢于面对生活的苦难和艰辛。

综上所述，在当前，英美文学教学和人文思想的渗透具有密切联系性，要求在实际教学过程当中充分地渗透人文思想，促使学生具备正确的人生观、世界观和价值观。以往在英美文学教学的过程当中还是存在着诸多缺陷和问题，主要包括课程安排不够恰当、教学方式相对陈旧以及教学功利性很大。对此，需要教师能够转变传统思想观念，实现人文思想和教学目标相互融合，同时，要对教学方式进行创新和改良，还需要通过英美文学教学促使学生形成正确的人生观、世界观和价值观，进而优化课堂教学，显著地提高教学水平和教学质量。

第五章 英美文学教学的发展

第一节 网络时代的英美文学教学

《高等学校英语专业英语教学大纲》（以下简称《大纲》）明确规定在英语专业高年级开展英国文学和美国文学的教学，旨在"通过阅读和分析英美文学作品，促进学生语言基本功和人文素养的提高"。钱谷融先生在1957年5月《文艺月报》中指出，"文学即人学"。文学教育应当引导学生通过文学来向外了解社会，向内探索自己的内心世界。

一、网络环境中建立新型的英美文学教学模式

网络的快速增长正在改变媒介传播形态，从信息传播到购物、支付手段进而影响人们的生活方式。数字化时代，网络化生存已经存在，这也必然会影响到传统的教学方式。《大纲》指出，要积极采用现代化的教学模式，重视网络技术在教学内容、教学方法上的重要作用。"充分利用现代信息技术手段、信息技术与学科课程的有效整合，发展学生的信息素养、创新思维能力、网上交流及合作能力……实现一种理想的学习环境和全新的学习方式。"为解决英美文学教学中的这些矛盾，不妨尝试以网络技术为手段，借助互联网海量的信息资源和新媒体等新型虚拟空间，改进教材，更新教学手段。

（一）利用网络对传统教材进行补充

教材作为教与学的重要工具，是否能满足学生的普遍需求和个性化需求，是教育成功与否的指标之一。身处数字化时代的我们正走在信息的高速路上，从作家作品到背景知识，甚至其影像资料都可以通过网络搜寻到。互联网除提供作品文本，也提供相关音频、视频资料以及改编自文学作品的电影。网络以多元化手段和优势资源丰富了教学资料，实现了资源共享。丰富的网络资源可以有效补充各种作品和作者的背景知识，拓宽学生的视野，帮助学生更好地理解作品。

慕课、精品课、公开课等大量优秀的教学资源在网络中也可以得到。基于某个知识点而制作的 5~8 分钟的微课这种碎片化教学模式逐渐得到了大家的认可。这种模式打破了传统的固定课时、固定章节的教学模式，使学习者能更为灵活地利用零碎时间选择学习，更加有针对性地、有重点地选择学习内容。

当然，在互联网时代，最不紧缺的就是信息。只要在搜索引擎里输入关键字就可以获得数千条结果，对学习者来说，如何去筛选这些信息就显得尤为重要。因此，教师在借助于互联网补充教材信息不足的同时，发挥主导作用就显得尤为重要。由于通信的发达，人人可以利用自己手中的手机接入互联网。这就意味着，除了现实的课堂之外，师生仍然有其他的思想交流平台。网络公共空间利用超链接技术把网络资源利用起来，帮助学生从浩瀚的信息里筛选出所需素材，实现了网络空间的资源共享。

（二）利用网络对传统课堂的补充

文学课每周两节课的课时相对较少，学生很难在有限的课时里进行阅读、理解和有效研讨。在英美文学课时紧张的情况下，课堂之外的学习就显得非常重要。基于互联网技术的新媒体便为我们提供了新的学习途径。

在这些虚拟空间中建立的平台，师生可以在这些平台上交流，而不受传统课堂的时间和空间限制。教师可在群里传播文字、语音以及图片、视频甚至 Word、Excel、PPT 等不同文件形式的文件，避免了传统课堂较为单一的教学手段。学生在没有理解的情况下，可以回放这些课堂记录。学生可以根据自己的学习习惯调整自己的学习进度。在传统课堂外，学生可预先对作品、作家、背景知识等事先了解和预习。学生在预习和阅读作品的过程中所遇到的问题也可以在交流群中反馈。老师可以在群中回答学生提出的共性问题，也可以利用小窗口进行一对一的交流，这兼顾了整体和个人的不同需要，实现差异化指导。教师可以通过课前与学生的虚拟空间的交流来了解学生在阅读过程中遇到的问题，以便在备课的过程中有所侧重。在课堂教学中，教师可重点就学生在阅读过程中遇到的问题答疑解惑，并让学生进行分组式讨论，充分激发学生参与的热情。

师生可以将课堂教学和上网学习进行统筹规划，来解决课时少而内容多的矛盾。互联网的交流平台为传统的教室教学拓展了时间和空间，帮助从重视传统课堂教学"第一课堂"的教学模式向重视学生的阅读体验和思想启迪的思考能力的"第二课堂"延伸。

英美文学课作为英语专业的主干课程，具有重要的价值和意义。英美文学课程的人文性要求学生不但能够阅读作品文本，掌握实际知识和技能，更应当正确理解和把握人的生命、尊严、价值和意义。网络环境为未来英美文学教学提供了"无限的开拓性、覆盖性和不可替代性"。基于网络技术和海量资源的网络课堂和虚拟交流空间，"其可选择性和可控性都是传统课堂无法比拟的"。利用互联网的海量信息资源和新技术对英美文学教学进行改革可以改进传统以教师为主体的教学模式。教师发挥了主导作用，学生则充分体现了认知主体的角色——在老师的引导下进行积极的思考，并培养发现问题、分析问题和解决问题的能力。面对英美文学教学被边缘化的现象，广大研究者和教师应充分利用网络信息技术的优势，丰富教学内容，优化教学手段，为英美文学教学探索出切实可行的有效途径。

第二节　英美文学教学的改进策略

英美文学教学一直是我国外语教学中的重要组成部分之一，长期以来受到人们的重视。在全球化时代，这类学科的教学在未来也必将会扮演更加重要的角色。因为语言和文化之间存在密切联系，如果能在英美文学教学中融入一定的文化熏陶，那么就能取得更好的教学效果。

英美文学的学习，重在对其他文化的"了解"与"理解"。不同文化背景下，不同文化土壤孕育出的人们往往会有千差万别的思维方式和遣词造句习惯，在写作时表露出的价值取向也会带有鲜明的本土文化特色。那么了解并理解这些文化差异就成为顺利进行交流的前提，也是英语专业学生必做的功课。他们会在掌握了不同文化的文化内涵，了解其特色后，对自己的思维方式进行相应调整，以便更好地适应现实的阅读需要。这就是综合素质的一种体现。

一、教学改革对英美文学教学的意义

英美文学不仅仅是一种"语言上的转换"，更是一门交流的学科，处处体现着智慧。如果不能充分体会英美文学字里行间的准确含义，那么就有可能沦为只能读懂字面意思的机器。许多人认为英美文学是单向的，给定什么语境，给定什么句子，只要把它理解了、了解了主旨就算任务完成。但实际上，英美文学的灵活性要大得多，并且好的英美文学作品会让人感受到作者的巧妙心思。例如，在英美文学中出现的一些俗语和口头禅，没有一定的文化背景知识是不可能理解的，因此就需要教师和学生多多在沟通中提升自己的专业素养，提升自己的跨文化交际能力。又如，许多学生在理解英美文学习惯用语的过程中往往会遭遇到许多问题。高校英美文学课程的教学目标就是培养出更加符合现实需要的优质文学人才，助力于我国的文化事业。

二、英美文学教学的改进策略探讨

（一）制定课堂规则

结合大学生的心理特点，教师应做好相应的课堂设计，从而使整堂课有条不紊地进行。英美文学教学水平的提高需要借助规范化、合理化的教学机制，教师要引导学生分三步来进行课程的学习：在课前，要预先通读课文，标注上自己对课文的通俗化理解，阅读完整篇课文后，完成课本后面的思维练习。在课堂上，要遵照老师的指示来进行学习活动。由于该阶段学生很容易受到应试教育模式的影响，对英美文学学科产生定性思维，因此在课堂上应以教师引导为主，引导学生在比较具有文化气息的学习环境中获取知识，从而养成良好的读书习惯。在下课后，教师还应安排学生完成一些简单任务，来加深对课文背后蕴含的优秀文化的理解。例如，写下自己对某篇文章的感悟，以及文章对我们生活的启示，等等。

（二）借助现代传媒手段

由于英美文学课程内容比较艰涩难懂，学生对于课文理解起来有困难，对于英美文化在学生中的渗透、传播也有一定不利影响，因此教师应当采取一些措施来吸引学生注意力，激发他们的学习兴趣，使他们更好地领会文章主旨。现代媒介科学技术就为教师提供了绝佳的辅助工具。例如，在投影仪上播放有关课文内容的视频、短片，或者借助其他工具进行现场的情景模拟，模拟我们生活当中可能会出现的场景。这些方式都能够提高英美文学课程与学生实际生活的贴合程度，从而激发学生的学习兴趣，提升学习热情，使他们更好地理解文章背后蕴藏着的文化。文学理念的渗透还需要增加一定的情感共鸣，因此教师还需要在课堂中加入适当的情感教育，帮助学生理解课文的深层意义。在朗读课文时，将作者想要表达的情绪以声音和表情的形式传达给学生，或者通过播放有关音频资料的方式来增强情境感，让学生身临其境般感受课本中的情节，并让其中具有现实意义的精神主旨深入学生的内心，成为他们成长过程中一段特别重要的回忆。

（三）课内外的英美文学知识补充

在课堂上，仅仅学习课本的知识，而不进行课后的知识补充，是不利于学生理解课文背后的文化内涵的。因此，教师还应根据学生的成长特点、心理特点和接受程度来进行相应的知识补充，重点落在描写具有现实教育意义的、积极向上的榜样事迹以及优美的"阳光"文学，帮助学生领略英美文学的独特魅力，进而在耳濡目染中，在无形的熏陶下就得到了英美文学修养的提升。例如，在讲解《雾都孤儿》时，可以从学生感兴趣的主题入手，尽量抽出时间，向学生普及当时英国底层人民的生活状况。在课后，教师应积极组织学生进行课外学习，由于学生的课余生活较丰富，在课上容易被分散精力，因此首先在思想上就要引起他们对英美文学学习的重视，要在生活中细心观察周围的事物，要有一双在平凡生活中发现闪光点的眼睛，这样在阅读文章时才会有更深的感悟；在完成教材学习之后，还要自行增加课外阅读量，各科各类的知识都要有所接触，这样才能拥有触类旁通、融会贯通的能力，才能在心中描绘出我们生活的完整面貌，将优秀的英美文学作品铭记于心。

随着时代的发展，许多学校开始重视学生综合素养的培育。这一时期的学生对许多事情都有了自己的独到见解，但对英美文学的理解力并不强，认为学习该课程对现实生活的意义不大，因而失去兴趣。事实上，英美文学就像一座宝库，蕴含了丰富的文化瑰宝，值得我们去寻找，去挖掘。因此，在进行相关教学改革时，不仅要提高学生学习英美文学的兴趣，激发学习热情，还要加深学生对课文的理解，使他们对所学知识有更加深刻的印象。

第三节　跨文化视野下的英美文学教学

作为高校英语专业重要学科，英美文学教学课程受到了越来越多的重视，教学主要围绕着文学史、文学作品、文学批评方法所展开，而其中文学作品的研究成为英美文学教学的核心。文学作品折射出的是文化的光影，在这些包罗万象的文化光影中，我们首先接触到的便是极为丰富的西方文化知识。通过阅读与研究优秀的英美文学作品，可以使我们对西方文化有一个深入的了解，同时，对学生而言，可以感受我国与英美国家的文化的不同。本节将依照从文学到文化——传统英美文学教学单一思维的打破，文学的交流与碰撞、融合与贯通，跨文化视野下的英美文学教学方式探索三个层面对跨文化视野下的英美文学教学研究展开研究，以期为高校英美文学教学提供一些建议与参考。

一、从文学到文化——传统英美文学教学单一思维的打破

在高校开设英语学科与专业，对高校英语专业的学生而言，更加注重对英语"听、读、写、译"等能力的培养，以培养熟练掌握英语这门语言艺术、增进中外文化交流的人才，促进对外事业的进步与发展。而基于此类学科，开设有英美文学的课程，已成为国内广大院校英语学科普的共识、普遍进行的课程设置，在研究生阶段，甚至进行进一步细分，设立了英美文学或与之相关的研究专业。

首先对教师而言，应当树立和培养学生在教学工作中跨文化意识的正确认知。在当今文化多元的时代，仅仅培养一门掌握外语能力的学生是远远不够的，语言毕竟只是一种手段、一种载体、一种方式，而所承载的则是人的思想意识，映射的是社会方方面面的文化，因此，为了适应新的发展形势，培养高素质、全方位、水平高的英语人才，在英美文学教学中，就应该跳出狭隘的圈子，将目光从英美文学放眼至更加广阔的英美文化甚至世界文化，从文化宏观层面到文学作品微观层面，从某一方面的西方知识再到整个西方文化乃至中西文化的思考，以此来打破单一的、狭隘的英文文学教学观，建立多元的、全面的学习与研究思维，从而也使学生更加深入地理解作品背后的思想内涵，对英美文化有个初步了解。

二、文化的交流与碰撞、融合与贯通

上文谈到了在英美文学教学中应当打破单一思维，不局限于文学教学，而应当建立一种文化观，那么如何将文化很好地融入教学工作中呢？要解决这个问题，就要培养跨文化意识，那么什么是跨文化意识呢？

　　跨文化意识是文化全球化发展、国家化交流的主要途径之一，与英美文学教学目标相统一。某一文化经传递人的信息传输，被不同文化背景的人学习与理解，产生跨文化交际。在文化交流过程中，无意识行为具有较大的破坏性，必须予以特别重视。我们从小接受以汉语为母语的中文式的教育，对外来语言本身具有一种陌生感，而对外来文化也同样有一种天生的排斥心理。因此在中外文化的交流中，我们要树立和培养跨文化意识，就需要直面中外文化的差异、碰撞，感受外来文化的陌生感并端正中外文化交流中态度与策略。对于英文文学教学，要以自信、豁达的态度看待中西文化中文化现象、风俗、习惯等方面的差异，消除文化隔阂，努力培养出跨文化的意识。

　　文学语言是文学的载体，是在本民族文化语言基础上，结合文学艺术的特性所形成的特殊语言，文学语言必然反映着各国、各民族的文化。在英美文学教学中，教师除了要引导学生对英美文学作品的作者介绍、内容梗概、作品背景、语言风格、艺术手法、主体意旨、思想情感等方面有所了解之外，还需要把作品背后的文化传达给学生。在对英美文学史的讲解中同样应该紧扣着英美文化史，使学生能够理解作品中的文化逻辑，进而认知作品思想情感或叙事发展的合理性。同时，通过文学作品，打开一扇了解英美文化的窗户。

　　在文化的交流中，要正确对待文化冲突，理解文化的多元和差异。

　　在英美文学课程中引入文化教学时，同样不能回避的一个问题便是文化的冲突与碰撞。如何消除文化冲突，促进文化交流与融合呢？首先，要明确"跨文化外语教学最常用的方法是比较和对比，参与和体验"，将我国的母语文化与英美文化进行比较找出差异性，这种差异性表现在文化现象的不同、文化观念的不同、文化心理的不同。在此期间，教师可以创造出一些英美文化的情境，或者可以以教学或者具体的文学作品，来加深对西方文化的了解，增强中西文化的交流。其次，从中西文化的交流反观英美文学，可以进一步增强对英美文学作品的认知与理解，以此寻找解决文化冲突的合理性。下面将着重对跨文化视野下的英美文学教学方式进行深入探索。

三、跨文化视野下的英美文学教学方式探索

在英美文学教学中，良好的教学方式有利于保障教学成果，提升教学水平。同样的道理，对于将跨文化意识运用于英美文学教学工作，同样需要探索相应的教学方式。笔者参考了大量的研究资料，总结了几种对于英美文学教学具有指导意义的教育方式。

（一）结合英美国家地域性文化特征分析文本

在英美文学教学中，文本阅读的重要性是不言而喻的，要更深层次解读文本，需要学生结合英美国家地域性文化特征，从当地的文化视角进行审视。比较东西方文化的差异。如英国作家莎士比亚的经典悲剧作品《罗密欧与朱丽叶》讲述了意大利维罗纳城的恋人——罗密欧与朱丽叶之间的爱情故事。二人分别是两个具有世仇的家族——开普莱特和蒙太古，这便注定了二人的悲剧，对爱情忠贞不二的罗密欧与朱丽叶最终殉情。作品反映了文艺复兴时人文主义思潮不断涌现，人们为反对封建统治，追求自由，倡导人性解放。对这样的文化背景有所认知，才能真正理解男女主人公为何把爱情与自由看得比生命还重要，两个世仇家族为何重归于好。罗密欧与朱丽叶的故事与我国传统民间故事《梁山伯与祝英台》有相似的地方，都是以追求爱情、双双殉情的悲剧收场，但文化理念却有很大的不同。在教学过程中，可以用比较研究的方法，将我国与英美国家文学作品进行对比讲解，启发学生对作品中文化差异的思考，从而提升学生对文本的学习效果。

（二）体验式教学

体验式教学关键在于改变以往单向传输知识的方式，使学生真正融入教学情境中，获得一种沉浸式的体验，进而加深学习的理解。对于英美文学教学，同样可以采用这种教学方式。教师可以通过排练情景剧、讲述文学背后的文化故事与历史常识、演唱英美歌曲、仿写英美诗歌、邀请有英美留学经历的师生讲述西方文化等方式，使学生近距离感受英美文化。甚至有条件的学生可以在旅游、游学的过程中，直接感受到当地人的文化生活，真正感受到英美的优秀文化，从而加深对文学作品的认知与理解。

（三）结合多媒体信息技术和网络资源

现代社会是信息技术高速发展的时代，各种技术手段被运用于教学中，这是时代的进步，也是教育的进步。对于英美文学教学，教师同样需要"充分结合现代先进的多媒体信息技术和网络教学资源，创造出寓教于乐的英美文学教学环境，构建新型的英美文学教学模式"。不可拘于书本式的教学模式，如课堂教学采用图文结合的PPT、观看英美电影、收集互联网上与之有关的资讯。进一步加深学生对英美文化的理解，也有利于培养文化兴趣，为学生学习英美文学拓宽渠道。

（四）开展大量的跨文化实践活动

教学还需要和实践相结合，不能单纯地把希望寄托于课堂。坐而论道往往会陷入纸上谈兵的局面。应该促使学生在实践中运用课堂学到的知识，从而加深对知识的消化和理解，提高这方面的实践能力。在一定条件下，教师应当多组织一些跨文化交流的实践活动。例如，可以举办文学沙龙、文学论坛、文学讲座等活动，可以组织英语国家的师生与学生围绕文学作品或相关议题进行学术交流活动，甚至可以带领学生参观英语国家的名胜古迹和高等院校。同时结合相关文学议题，采用多种形式的艺术，开展诸如情景舞台剧、歌唱比赛、诗歌朗诵、电影评论等活动，激发学生的学习兴趣，提升跨文化实践能力，进一步加强中外文化的交流，消除文化交流的障碍，助推英美文学教学水平的提升。

在英美文学教学工作中，应努力培养学生跨文化的学习与研究思维，以包容的态度、宽阔的胸襟、科学的方式消除文化交流的隔离与冲突。通过结合英美国家地域性文化特征分析文本、体验式教学、结合多媒体信息技术和网络资源、开展大量的跨文化实践活动等方式，探索多元的教学方式，努力提升教学效果，增强学生的文化素养。

第六章　英美文学教学实践研究

第一节　建构主义与英美文学教学

研究一些建构主义学习理论，开展基于建构主义学习理论的教学实践，将对我们实施教学改革产生深远的影响和积极的促进作用。

现代教育和教育心理学理论的发展表现出两个明显特征：一是由理论向实践的过渡，即人们更关注如何用教育学、心理学的研究成果指导具体的教学活动。二是达到新的理论高度，即人们已不再满足于思维活动的具体研究，作为外语教学，力图从认识论的高度进一步去揭示外语教学活动的本质。当然，我们不应盲目地追随外部的潮流，在"建构主义"这一旗帜下包含着多种不同的观点，一些极端的观点因其"新颖"而具有很大的诱惑性，我们应当避免成为各种"时髦"的俘虏。

一、建构主义教育理论的基本观点

（一）建构主义知识观

对后现代认知范型和建构主义的不同维度进行梳理，有助于人们对建构主义的知识观做出概括。作为后现代认知范型的有机组成部分，建构主义理论主张反客观主义、反绝对主义，它对知识做出了全新的建构性的解释。建构主义知识观的核心思想是呼吁人们关注人的经验世界，关注意义和价值，归根到底，是对人的主体性的关注。

客观主义者认为，世界是客观存在的，关于世界的知识也是独立于人的意识先验地存在着的，人类获取知识的唯一有效途径就是通过实证方法，利用逻辑数学公式和严谨的物理实验确保人类认知的客观性。总之，一切都是能确定的，都正在进入或即将进入人类的掌控之中，人类只要有足够的信心和耐心，就能破译世界的密码。实在论的逻辑推理是，物质世界是真实的，关于物质世界的知识也必定是真实的。建构主义反对客观主义的认识论，认为从物质世界的真实性并不能推导出知识真实性的必然结论，激进建构主义甚至对物质世界本身的真实性持怀疑态度。他们对客观物质世界要么置之不理，要么存而不论，对知识的定义也不以知识与物质世界的呼应程度为准绳，转而采用以人对环境的主观适应为标准。可以看出，建构主义知识观是一种主观主义的知识观。

建构主义者在哲学本体论上存在着分歧。温和建构主义同意客观主义的本体论，承认世界的客观实在性，但坚持人对世界的观察方式只能是主观的；而激进建构主义认为，知识主观地存在于人的精神世界中，人对外部世界的观察是建立在各种主观心理因素的基础上，这些主观因素积极活动并发生相互作用，至于物质世界是否是客观存在的，根本就是个多余的问题，应该用胡塞尔（Edmund Husserl）的"存在括号法"把它封存起来搁置一旁。他们的理由是，科学或许能揭示规律性的东西，但人类并不是需要规律就足够了。人类社会的理想境界并不与科学知识的增长成正比，人类更需要的是意义和价值，人类生存的原动力、人类存在的理由更多地体现为思想的自由，而不是对物质的占有。建构主义者对知识的理解是，只要主观经验能让人觉得满足，能使心理环境与周围的物质环境和谐共存，就是最本原意义上的知识。建构主义者在认识论和方法论上达成了共识。知识并非客观的、绝对的，而是主观的、相对的。建构主义知识观主要包括以下方面：

1. 从知识的本质上讲，知识是主观的

对知识本质的确定是建构主义最核心的问题。建构主义者坚持，知识是主观的，被认为最客观公正的科学知识同样具有建构的性质。以实证主义者认为最有说服力的科学实验为例，研究者的主观因素是实验无法排除的影响。研究者的演绎推论的倾向性在很大程度上决定着他们对实验的设计安排，实验结论也是根据预期的主观假设，对可能的因果关系进行选择的结果，这些主观因素对实验而言都是必不可少的。例如，在心理学发展的百年历史中，不同学派的心理学家做了不同的假设，并通过实验加以证明。同样是用动物做学习实验，但他们分别进行的实验都验证了而不是否定了自己的预测，尽管他们的预测是相对立的。罗素（Bertrand Russell）曾戏谑地说："美国人研究的动物，带着一种难以置信的慌张和激动的表现，到处乱跑，而最后偶然获得希望的结果。德国人观察的动物则不动地坐着并进行思考，而最后，从它们内部意识里逐渐形成解决办法。"可见，实验结论受研究者主观因素的影响是相当大的，在很大程度上是实验者主观猜测的投射。至于与哲学、文学、艺术、宗教等相关的人文社会知识，无疑更具有主观性质。

2. 从知识的内容上讲，知识代表着经验世界

由于建构主义者认为知识是主观的，因此从知识的内容上讲，必然不是物质世界的真实反映。建构主义者放弃知识代表独立的物质世界的立场，认为知识代表的是对人类来说更为直接、更为重要的世界——经验世界，唯有

经验世界是人类能真正把握的。人类认识到的物质世界已经是经验化了的物质世界，是附着了人类发展历史的痕迹的物质世界，包含于经验世界之中。

从这个意义上讲，建构主义知识观代表包含科学在内的广泛意义上的人类文化。在文化和科学的复杂关系中，文化力图宽容地包容科学，但科学将持有不同信念和标准的文化都斥为非科学或伪科学。建构主义知识观并不排斥科学成就，而是将它作为文化发展的一个分支，当作对世界若干解释中的一种解释来接受，所以，建构主义知识观在更广泛的意义上肯定了人类文化的所有成就。科学是人类文化中相当有力的一个支流，但并不能涵盖文化的全部意义，也并非总是能自我修复。建构主义知识观认为科学在审视自然和人类的同时，自身也应被审视，科学知识的不足之处应由其他的知识形式加以补充。

3. 从知识的获取方式上讲，知识是内发的

吉尔根（Kenneth J.Gergen）将认知论分为两大类，外铄或外在于世界中心的；内发的或内心中心的。建构主义者认为知识是内发的，生长性质的。建构主义的首要原则就是，知识不是被动承受得到的，而是认知的主体主动建造起来的。由于坚持知识只能从个体内部自行建构，所以建构主义者反对外铄论，特别是反对行为主义者以外铄论为基础的近似于动物驯化的教学方式。

建构主义将学习看作心灵的一系列复杂活动，包括对外界关系的观察、感悟体验和构成，因此强调激发学习者求知愿望的重要性，认为教师应使用适当的教学策略帮助学习者。

虽然都坚持知识的内发论，但建构主义者与先天观念论者的观点有很大不同。先天观念论者认为，知识在人出生的时候就以种子的形式埋藏于头脑之中，教师的作用是帮它们破壳而出，因此后天的经验并不能影响先天观念

的实质内容，只能影响它们的速度或形式。建构主义者认为，知识来源于先天禀赋与后天经验的相互作用，来源于新旧经验的相互作用，更多的是个体的创造力，这种作用过程是内部自组织的而不是外部控制的，因此，知识是创造性建构的结果，而不是机械识记的结果。

4. 从知识的来源上讲，知识是有待加工的原料

建构主义者并不完全否定外在经验的影响，而是设定了一个前提，那就是学习者主观的心智模式和认知结构参与知识建构。学习者通过内省、内心独白等方式对外界知识进行过滤、裁剪、选择，不断重组自己对外界的知识。知识并不是以成品的方式进入学习者的心理环境的。成品知识是由若干信息组合而成的，在传递的过程中又还原成信息，进入心理环境的只能是还原后的信息。学习者将接收的信息原料按自己熟悉或喜好的方式搭建起来，所以，知识的传递类似于一种拆卸之后的重建，重建过程也就是对信息材料的意义赋予过程。知识的来源只是信息原料，而不是成品的整体移入，学习的实质就是对信息原料的加工。

5. 从知识的功能上讲，知识是为了追求意义

建构主义知识观认为，知识是个人经验的合理化和实用化，而不是被动接受由他人确定的事实，知识具有个人性质。知识和建构知识的人是二位一体的，没有脱离特定建构者的知识，也没有脱离个人知识的建构者。个人运用主观经验建构属于个人的知识体系，目的是为了更有效地适应环境、适应生活，有效地组织自己的经验世界，而不是发现本体论意义上的现实。人类追求经验与客观事实的绝对一致只会劳而无功，激进建构主义者甚至主张以失去客观为代价，来获得主观。在建构主义者眼中，知识的价值主要在于其知识的个人意义和社会意义，而不在于其真实程度。

6. 从知识的目的上讲，知识是为了适应环境

建构主义认为，知识是个人在适应环境的过程中发展起来的一整套解释体系。因此他们更关注知识的协调作用，并认为人类应正确地定义和运用知识，应将知识作为适应环境的手段，而不是用以改造世界的武器。知识是为了让人与自然与社会、与他人和谐相处，不应以征服为目的，不应制造对立和对抗。

7. 从知识的效用上讲，知识是以丰富内心世界为追求

在科学主义盛行的同时，有忧患意识的思想家惊呼"人被异化了"，他们提出人更需要精神的自由，反对现代科学使人沦为技术和物质享受的奴仆。物质资料的丰富能满足人的生理需求，人的主体性决定了人还具有信念、理想、抱负等精神品质。人会对价值问题提出追问，而这些问题是科学所不能回答的。旨在探讨物质世界规律的科学能有限地回答"是什么"的问题，但"并不能打开直接通向'应当是什么'的大门"，"不能导出我们人类所向往的目标是什么"。建构主义者认为具有丰富精神生活的人才是真正幸福和充实的人，知识的效用在于丰富人们的内心世界。

8. 从知识的发展趋势上讲，知识呈多元化

建构主义的真理观和知识观具有实用主义的特点，偏重个人建构和群体协商，允许差异性存在，同时关注个性基础上的共性，注重不同知识体系之间的沟通与交流。因而从知识的发展上来讲，知识是呈多元化趋势的。

建构主义知识观是相对主义的知识观，反对将知识绝对化、统一化。知识是人类所有文化的具体表现形式，文化的多元化决定了知识的多元化。与个人建构知识的机制类似，群体对知识的获取也是建构性质的，如不同年龄、不同性别、不同职业、不同种族、不同国家的群体，所建构的知识也是不同的。虽然有一些知识特别是科学知识上升为人类知识，但从知识的发展方向看，

知识呈多元化趋势,不会在所有方面都趋同。有碰撞才会有火花,保存知识和文化的多样性,使多元化的知识互动、交流,成为促进人类社会发展的动力。

9. 从知识的形态上讲,知识是动态变化的

在实证主义时代,人们信奉绝对主义的知识观,认为知识是真理或无限接近真理的人类经验,科学凭借实验数据与分析赢得了极高的声望,人们寄希望于科学能解决一切人类面临的难题。科学哲学的历史主义学派对科学合理性提出了质疑,认为科学是历史地发展着的,是从一个"范式"到另一个"范式"的转换,是主流知识和非主流知识不断角逐的演进过程,因此,科学的合理性只能是相对的。范式的不断更替使知识不再是确定的,知识并不能代表最后真理,只是个人与环境互动过程中建构的可能经验世界,是暂时的结果。知识成为一种相对的存在,人类对知识的总结是一个永不停息的探索过程,知识的形态不是固定不变的,而是动态变化的。

10. 从知识的更替上讲,知识是一个调适的过程

根据波普尔的"证伪"原则,知识的更替是不可避免的,任何知识都难逃最终被证伪的命运,被新的知识所代替;不能被证伪的命题,只是一些毫无价值的文字游戏。那么,知识的更替是一个积累的过程,还是一个调适的过程呢?

机械论者认为知识的更替是一个线性的积累过程,由一个更接近于正确的结论取代一个不那么正确的结论,如"日心说"取代"地心说",之后"日心说"又被证伪。建构主义认为知识的更替是一个调适的过程,是一个发明的有机过程。建构主义对知识的衡量不是以"正确"和"错误"为标准,而是以"适当"与"不适当"为标准。新的理论给人们增加了选择方案,旧的知识也有使用价值,如人们仍然使用"日出""日落"来描述白天黑夜的变化,

这说明使用哪种知识是根据需要变化的，是情境性的，没有绝对的标准。这种观点近似于保尔·费耶阿本德（Paul Karl Feyerabend）的"无政府主义的认识论"思想。费耶阿本德坚持取消科学与非科学、正确与错误的划界标准，主张"怎么都行"。建构主义的知识论也主张见仁见智，鼓励个体根据自己的已有经验，按照自己独特的思维从主观的视角进行知识的建构和诠释。

（二）建构主义学习观

建构主义认为，学习不是由教师将知识简单地传递给学生，而是由学生自己主动建构知识的过程。学生借助他人的帮助，如与他人之间的协作、交流、利用必要的信息等，在一定的情境下，主动建构知识的意义，进而获得知识。在学习知识的过程中，学生不是被动的信息接收者，而是主动地建构知识意义的建构者。学生根据自己的经验背景，对外部信息主动地进行选择、加工和处理，对新信息重新认识编码，进行意义的建构。

在建构主义看来，学习过程不是信息的简单输入、存储和提取的过程，学习是新旧知识经验之间的双向的相互作用的过程，也就是学习者与学习环境之间互动的过程。

建构主义学习观强调学习是学习者在丰富情境中主动建构意义、创造知识的过程。学习是一个主动的过程，学习是个体主动建构意义的过程，反对灌输式教学和行为主义的"刺激—反应"学习。皮亚杰在论述个体的知识过程时，提出个体通过同化和顺应，或是将外在刺激纳入已有图示，或是调节原有图示适应环境。个体认识世界的过程就是个体与外在世界互动的过程，个体既实施行动于外在世界，亦从外在世界获得反馈。因此，学习既包括学习者主动建构的成分，也包括从外界吸收的成分。

（三）建构主义教学观

建构主义教学观以学习理论为基石，主张教师实现角色转变，成为学生建构知识的引导者，教师在教学过程中应创设实际情境，同时加强学生间、师生间的互动学习。

建构主义认为，知识的意义在于学习者的主动建构性，知识无法通过直接的传递而实现。教学不是简单的信息传递，而是为知识意义的建构创设条件。在教学中，教师不仅要关注如何呈现、讲解及演示信息，更重要的是，教师要创设一定的环境，促进学生自己主动地建构知识的意义，时刻关注、探知学生对知识意义的真实建构过程，并提供适当的提示、鼓励、辅导、帮助与支持，进而促进学生的建构活动。

建构主义教学观认为，教师应该成为学生主动建构知识的辅助者和指导者。传统的教学观主张教师负责把知识传递给学生，学生被动接受教师所传授的知识。建构主义认为，学生的学习并不是知识从外到内简单的传递，而是学生通过对新知识的感知，与本身的认知结构相互作用，主动建构新知识的过程。让学习者积极建立自己的知识结构，以这种方式建立的新知识结构不仅不易退化，而且还能给学生主动学习的机会，培养他们的创造思维能力。要注意将实践与学习两者紧密结合。传统的学习比较推崇书本理论知识的学习，从而导致学生所学知识与实践的脱离，造成学生重理论、轻实践应用的现象。建构主义教学观认为，有效的学习需与一定的情境结合。只有在真实情景中获得的知识和技能，学生才能真正理解和掌握，才能回到真实生活或其他学习环境中解决实际问题。教师的教学就是构建实际的学习环境，让学生在学习环境中结合自己已有的知识建构出新的意思和知识。

二、建构主义教学的实践指导功能

对于建构主义教学理论，要辩证地看待它，要客观地分析它是否具有理论价值和实践价值、是否能促进和提高我国教学水平、理论存在哪些局限性等问题。

建构主义教学理论对实践的指导价值：

1.建构主义教学理论为英美文学课堂教学实践提供了先进的理念和观点

建构主义教学理论之所以能成为世界各国课程改革的理论基础，并被广泛应用于课堂教学中，是因为建构主义站在批判传统死板教学的立场上提出了先进教学理念。建构主义教学理论从教学目的、教学主体、教学条件、教学原则、教学方法、教学内容、教学评价七方面对课堂教学进行了全面的诠释，为指导实践提供了理论依据。

在教学目的上，最直接的目标就是通过教学来提高学生自主探究的能动性和主动性，最终目的是为了使学生对知识进行"意义建构"，把学生培养成善于探究和思考的学习者和实践者；在教学主体观上，建构主义提出学生是教学活动中的主体，对知识展开积极的建构，而教师在教学活动中是主导者，引导学生进行知识建构，指导和推进整个教学活动；在教学环境观上，建构主义提出要构建生动活泼、轻松愉快又能激起学生认知冲突的问题情境，学生在这样的教学情境中不断地思考与探究，通过师生和生生之间的互动和展示，共同进行意义建构；在教学原则上，建构主义提倡建构性的、活动性的和主体性的原则；在教学评价上，建构主义者提出了创新性的评价标准，包括目标自由的评价标准，即克服特定单一的目标对评价的束缚，看重真实问题解决的评价标准，同时还要注重多元化评价。

2.建构主义教学理论为英美文学课堂教学提供了三种实践参考模式

建构主义教学理论不仅对课堂教学有指导价值，而且还为英美文学课堂教学提供了三种实践模式，这对实践建构主义教学理论有很大的参考和借鉴价值。

第一种，情境性教学模式。情境性教学是指教师要尽量为学生创设含有现实问题和真实事件的教学情境，使学生在不断探究问题、解决问题的过程中主动地完成意义建构。将真实事件或问题称作"锚"，教师与学生共同围绕"锚"来展开探究、合作和交流，最终构建起对问题或事件的理解并解决问题，因此，这种方法也叫"抛锚式"教学。情境性教学模式主要包括五个环节：第一，要创设情境，根据学生的经验背景和发展需要，建构起学生感兴趣的教学情景。第二，要确定问题，选出学生感兴趣的并与目前学习材料紧密相连的现实问题和事件，如果学生自己能发现并提出问题，学习效果更好，这一环节就是所谓的"抛锚"。第三，学生展开自主学习，独立探究解决问题的方法，提高自主学习的能力。在这一过程中，教师的任务是为学生提供解决问题的相关帮助，如专家在解决此类问题时是怎样探索的、应该收集哪些资料、从哪些方面去分析和整理资料等。第四，进行交流。学生将自己对当前问题的理解和想法向同伴和教师展示，通过谈论与交流，不断深化每一位学生对问题的理解，最终形成对问题较为一致的、相对确定的认识。最后，进行效果评价，学生解决问题的过程是对学习效果最直接的反馈。第五，总结提高。教师引导学生对问题进行回答与总结，对学习成果进行分析归纳，并可联系实际，对当前知识点进行深化、迁移与提高。

情境性教学模式不仅可以较深入地达到对知识技能的理解与掌握，更有利于创新思维与创新能力的形成与发展，即有利于创新人才的培养。在此过程中，能否取得成就的关键是，学生在学习过程中的主体地位是否能得到比较充分的体现，同时还需要教师方面的引导、帮助与支持。换句话说，情境性教学模式的成功实施涉及两方面：既要充分体现学生在学习过程中的主体地位，又要重视发挥教师在教学过程中的主导作用。离开其中的任何一方，情境性学习都不可能有良好效果。

第二种，支架式教学模式。在教育中，概念框架被"支架"，教师通过搭建概念框架不断提高学生的认知水平，学生沿着观念框架一步步攀升。维果茨基的"最近发展区"是支架式教学模式的理论基础，教师的责任是尽量打造完整的概念框架，学生沿着概念框架不断进行建构，从而将学生的认知水平从已有高度提高到潜在高度。支架式教学模式主要包括五个步骤：第一，搭建支架，在确定了研究问题的基础上，根据"最近发展区"的思想构建概念框架。第二，进入支架，将学生带入概念框架中某一个点，并以此为根据点展开建构过程。第三，独立探索，学生概念框架的引领下独立探索问题解决的方法。第四，协作学习小组之间谈论商议，尽可能地使学生达成一致的理解。第五，评价，包括自评和他评。

第三种，随机进入教学模式。这种模式比较复杂和灵活，它要求在英美文学教学过程中将同样的学习材料，放在不同的情景中，不同的时期、为达到不同目标、采用不同方法来建构。学生通过多种途径去理解和建构知识，从而获得对知识的不同方面的认识，学习者每次"进入"同样的学习材料，都会有不同的收获。随机进入教学模式同样有五个步骤：第一，设计问题情境，确立与目前学习材料相关联的情景。第二，随机进入学习，展示与目前学习材料有密切联系的情景——可以从不同角度和不同侧面来展示。第三，思维发展训练，因为随机进入教学模式所涵盖的内容非常全面和繁杂，所以在应用这种模式时，教师要注重对学生思维能力的培训。首先，提高学生元认知能力水平，使学生能不断反省和调整自身的认知过程和结果。其次，教师要掌握学生的思维发展特点，帮助学生构建思维模型。比如，教师利用提问帮助学生构建思维模型，"你的意思是……""你这样想的原因是……"等，不断牵引学生的思维，最终帮助学生构建一个完整的思维模型。最后，教师注重对学生发散思维的培养。比如，提出这些问题，"你还有其他的想法吗""还有不一样的解决办法吗"等。第四，展开合作学习，针对同一个事件或问题展开小组间的谈论交流。第五，评价，包括自评和他评价。

3.建构主义教学理论为英美文学课堂教学改革和发展指明了方向

我国一直不间断地开展英语教学改革的目的，就是为了变革传统教育中存在的弊端和不足，而建构主义教学理论作为新课程改革的理论基础，为我国教育改革指明了发展的方向和前进的道路。

首先，建构主义指出了"树立学生的主体地位"的发展道路。建构主义教学理论对教学目标、条件、环境、模式、评价等方面展开了详细的阐述，在理论和实践上都对如何发挥学生的主体地位提供了具体的操作措施，建构主义教学理论不仅是一种思想，更是一个实践的蓝图。建构主义以人为本、尊重学生、关注个性发展的理念是教育工作者学习和努力的方向。

其次，建构主义表明了"赋予学习和教学以工具性和发展性"的发展方向。建构主义教学理论特别强调对真实问题情境的创设，主张在问题情境中进行学习，使学习具有工具性意义和价值，为处理真实的问题提供帮助和指导。同时，建构主义认为学生的学习过程是一个连续不断的动态发展过程。学生的学习不受时间、空间和其他因素限制，教师不可能将所有知识都传授给学生，所以，建构主义主张教师在不断帮助和引导学生建构过程中培养学生自主学习能力。

最后，建构主义教学理论指出了"要实现与现代信息技术相互促进与共同发展"的道路。一方面，由于信息技术的普及，为建构主义的英美文学教学实践提供了必要基础，建构主义教学理论在信息技术的支持下将理论转变为教学产品广泛应用；另一方面，信息技术依据建构主义的思想设计教学软件，使发明的教学软件效率更高，对学生帮助更大，同样也使信息技术不断繁荣。

三、建构主义教学理论在课堂教学中的实践标准

随着基础教育课程改革的推进，建构主义教学理论被教育界广泛关注，许多学校和教师都很欣赏建构主义教学理论，试图将其理论在课堂上实践。然而，即使教师全面地了解和掌握了建构主义教学理论的观点和主张，在真正地将建构主义教学理论应用于课堂教学时，也会存在很多疑惑和不知所措。比如，建构主义教学到底是一种教育哲学还是一个教学策略？怎样实践建构主义教学理论？教学设计和实践过程是否达到了标准等。由此可见，建构主义面临的最大困境是如何确立实践标准。

（一）建构主义教学理论实践的模式标准

建构主义的实践模式归纳为七点：主题、情景、小组、桥梁、任务、展示反思。在将建构主义教学理论实践于英美文学课堂教学的过程中就是紧紧围绕任务确定主题、设计学习情景、组织学习小组、选定学习、搭建学习桥梁、对学习结果进行展示、共同反思学习过程这七大标准展开的，这七个标准是根据课堂教学顺序依次排列的，教师可适当地改变这七个步骤的实践顺序以适应自己的教学风格。

1. 在分析教学目标的基础上确定研究主题

建构主义的教学是围绕整体概念展开的，只有当教师围绕整体概念（主题），将知识整体的、全面的展示，而不是单个孤立的被拿出来时，学生才能看到整个知识背景，从而对学习材料有更加深入的理解，同时也能促进学生知识间迁移。建构主义教学是从整体到部分的过程，当老师将学习材料以整体的形式展现给学生的时候，学生会自觉将整体分为能够驾驭的各个部分，探究每一部分内容，从而建构每一部分知识，在完成部分的过程中，学生的学习是积极的、主动的、有意义的建构过程，而不是教师的灌输。教师围绕整体概念组织教学，使学生能自主选择解决问题方式方法，学生有自主探究、自己寻求理解的机会。比如，可以给每一个学生创作自己作品的机会，然后将作品印刷成册，全班同学互相欣赏彼此的作品，这样，在围绕整体目标（学生为完成自己的作品）的背景指导下，学生独立地收集信息、学习技能、建构完成整体目标的各种知识，学生在创造过程中遇到问题就去学习，在解决了所有疑惑之后，也就完成了创作，这样远比让教师在课堂上讲授枯燥的语法和常规拼写规则更有意义和效果。

2. 创设问题情境

建构主义认为，学习发生在一定的社会文化背景下，与真实的问题情景相关联，学生从教科书上学习了人类积累了几千年的知识，这些知识无疑是抽象的、提炼的、难以理解的，而创设问题情境就是还原知识的背景，只有在特定背景下的知识才是真实的、丰富的、生动的。因此，建构主义教学理论实践于课堂教学的另一个重要标准就是为学生创设一个真实的、完整的问题情境，以此为出发点，探究对知识本身的理解。在建构主义的指导下，英语教师创设问题情境时要遵循以下标准：

首先，情境能调动学生的学习动机，吸引他们的注意力。并非每一个学生都对名词结构、运动、重力和历史年代等感兴趣，但教师可以通过创设真实生动的情境吸引学生的注意力，调动他们的积极性，帮助学生理解这些问题。

其次，要不断完善情境以满足大部分学生。开放性的问题情境给学生更多进入情境的机会，精益求精的学生可以选择更复杂的探究，得出更精准的答案；不太熟练的学生也可以得到让自己满意的答案。不同的学生在不同的水平上创造自己的理解和价值。

最后，情境要使目前的学习材料与现实生活背景连接起来。教师创设的问题情境要与学生的生活经验背景连接起来，这样才能激发学生学习的欲望，同时也减少理论与实践之间的距离。比如，大部分学生都乐意上音乐课的原因是，有些音乐能表达他们的情感、描述他们的生活。英美文学的课堂教学也应如此，有时学习并不能与现实的生活经验直接联系起来，教师要发挥媒介作用，通过创造一些条件，使学习材料与学生的生活相关。

3. 组织学习小组

建构主义认为，当学生与所处的环境相互作用时，真正意义上的建构才有可能发生。建构主义实践于课堂实践的第三个重要标准就是组织学习小组。通常已经确定的学习主题、可利用的学习材料、学习的时间和空间等因素制约着学生的分组。一个理想的小组应该允许不同思维类型的学生展开对话，允许不同的能力和各种各样的观点，教师应该慎重地对待学生分组，是随机分组还是根据兴趣、文化、民族、性别进行分组都值得深思。无论教师依据什么进行分组，始终都应本着促进学生共同思考、对知识进行有意义的建构的目的。

4. 搭建学习桥梁

建构主义教学理论实践于英美文学课堂教学的第四个重要的标准就是搭建桥梁，这是在课堂中实践建构主义教学理论的关键步骤。如果教师想要组织有效的英语教学，必须找出学生现有的知识、理解和观念是什么，这是揭示错误观念、树立清晰正确观念的重要步骤。建构主义教学非常重视学生的观点，学生以前的经验中积累有关新主题的某些信息，一些零碎的词汇也有可能是精确的定义，每个学生都对新主题有着或多或少、或对或错的原始理解，所以教师要掌握学生的观点，这能帮助教师提出更适合学生的要求，将学生的知识和经验先后联系起来。同时，了解学生的观点也是对学生开展个性化教育的有效途径。

5. 策划学习任务

建构主义教学理论在英美文学课堂教学中实践的第五个标准就是策划任务。策划任务是实践建构主义教学理论的核心，策划一个吸引人的任务是非常有价值的，而如何选择和开展一个有意义的学习任务对建构主义教师来说是一个挑战。学习任务是由一个接一个的问题构成，在问题的支撑下，任务才得以开展。这里的问题来源于两方面，一是学生的问题，二是教师的提问。

学生的问题。建构主义教学理论在策划任务时强调学生的提问，教师要预测学生在执行任务中将会遇到的问题，教师要仔细斟酌怎么更好地回答学生，并由这一问题引导学生更进一步的思考。因此，一个能较好地将建构主义教学理论在课堂中实践的教师，一定是在正式教学之前，做好了充足的准备工作，思考如何更完善地回答学生有可能提出的问题，以引导学生继续思考。

教师的提问。学生在完成一项任务时，教师的任务就是能提出有意义有价值的问题，教师的提问不仅要揭示学生的想法，更重要的是还要理清、引导和综合他们的思维活动。因此，教师要经常使用具有引导性、阐述性、融合性的问题，在向下一个学习任务过渡时，教师的提问应由引导学生思维活动的问题转向阐述学生思维的问题，然后，提出能贯通融合学生思维活动的问题。所以，教师的问题是策划英语学习任务和开展英语学习任务的关键，教师的提问决定了参与任务的目标及风格。

6. 安排作品展示

建构主义教学理论在英美文学课堂教学实践的第六个重要标准就是安排展示。展示就是要求学生在大量收集资料和报告的基础上，向其他同学和老师阐述他们的思维过程并解释他们的理解。对学生而言，展示可以使他们的思维活动公开化；对教师而言，展示可以评估学生的理解水平。在教学中，教师经常要求学生展示成果。比如，学生要交作业、完成论文，或参加测试等，教师对学生展示的成果进行打分。但建构主义倡导的展示与以往的评估截然不同，这种区别表现为两点。

首先，展示会连续不断地出现，完成一个任务就会有一个展示机会，教师会根据学生展示的思维活动来设计以后的教学。因此，展示并不代表着学习的结束，而是向下一个任务过渡的基础。

其次，小组学习要求展示有更加开放和公开的环境，对学生要求也更高。学生要学会表达、与组员沟通和对他人观点有批判性思维等技巧，这些都是展示所要求的，而传统的独立学习会限制学生这些能力的发展。

教师要做的有两点，一是为学生营造积极的气氛，重视和鼓励学生的发散思维，引导学生更完善的展示；二是教师根据学生的展示，评估学生的理解和如何设计后续的教学。教师要对学生的展示进行认真的聆听和思考，判断多少学生已经掌握基本概念，判断一个复杂学习任务哪些部分应该重视、哪些部分可以舍弃，反思什么类型的任务更能支持新的学习等，在对展示成果反思的基础上，选择一个适合衔接点，过渡到下一个学习任务。

7. 引导学生反思

引导反思，让教师有机会重新审视设计的教学活动并为下一个教学情节提供设计策略。学生有机会重新思考自己的思维活动，有机会整合新旧知识，有机会思考如何应用知识。在建构主义教学理论指导下，英语教师在开展引导反思这一环节时要完成四项任务。首先，教师会引导学生对学习进行集体描述，检查学生建构了什么知识、建构的程度等。其次，教师要收集资料，了解学生的个人想法和观点，教师可以根据学生的不同情况和背景展开个性化教育。再次，教师要指出重要观点和普遍存在的错误观点。教师以为学生可能会掌握的知识或许被学生误解了，或许学生没有全面掌握，所以，教师要更有效地设计下一个教学情节，让学生能有一个更正错误和重新建构的机会。最后，教师要引导学生在学习情节之后重新审视自己的思维活动，并让学生写一份反思报告，鼓励学生在课下继续思考。

（二）建构主义教学理论实践的价值标准

大部分教育者认为"建构主义的这些思想是与时代发展相适应的教育学的正确目标"，建构主义教学理论具有推动学生全面发展、提高教师专业发展、变革课程和教学方面的价值。

1. 学生得到全面发展

建构主义强调学生的能动参与、小组合作和意义建构，要以一个积极的建构者的角色参与到英美文学课堂教学中。因此，建构主义对培养学生的全面发展具有重要作用。

首先，建构主义注重发展学生的合作意向和开放态度。由于不同的生活背景、经验背景、思维习惯、性别、年龄等差异，对知识建构的过程、方法和结果都不相同，教师和学生可以在多种思维的碰撞中进行建构。在平等合作的氛围中每个学生都毫无保留地阐述自己的建构，使学生的小组合作能力和拓展发散思维的能力得到提高。

其次，在建构主义教学情境下学习，学生会提高自信心、意志力、独立等人格品质。建构主义教师关注的不是"标准"答案，而是每个学生不同的、有价值的建构过程，学生不会因担心答案错误而不敢发言，教师根据学生的发言，帮助他找出继续学习的突破口，这样，能帮助学习能力稍弱的学生树立自信，让他们参与到课堂教学中。同时，建构主义倡导学生主动的建构，学生在接受"问题"之后，需要独立收集资料、整理资料、分析资料和最终形成一份作品进行展示。学生在没有教师的帮助下独立学习，大大提高了他们的探究和思维能力。

最后，建构主义对学生更深层和长远的建构有很大帮助。当学生对学习材料展开意义建构时，能更加深入地掌握知识的内涵和用途。学生带着问题和强烈的好奇心对新知识进行建构，将头脑中的新旧知识进行整合，形成一个更加完善的认知结构，这样，对知识的记忆更深更长。

2.教师的专业发展不断提高

建构主义教学理论非常注重发展教师专业素质。一种教学理论能发挥多大价值，最终取决于实施者，而建构主义教学理论的直接实施者就是教师。建构主义教学理论为教师专业提供了先进的理论基础，对发展和提高教师专业水平有重要的价值和意义。建构主义教学理论对提高英语教师专业发展水平的价值体现在三方面。

首先，英语教师角色培养的转变。传统英语教师扮演的角色是学生的领导者、知识的给予者、课堂的权威，而建构主义英语教师的角色是学生建构的促进者。建构主义教师会在课堂上告诉学生"学什么"，在学生学习过程中，指导和帮助学生"怎么学"，"像课堂上的北极星。虽然没有告诉我们答案，但却帮我们找到了解决的途径"。

其次，教师专业发展的模式转变。目前，我国培养建构主义教师的模式基本有两种，一种是教给教师建构主义教学理论以及如何实践该理论，这一模式主要指导教师如何将理论实践于现实教学，比较直接和有效。另一种模式就是让师范生与教师一起工作，教师可以帮助师范生理解其认知的发展，以及认知对他们的行为如何产生影响。这两种建构主义教师教育形式对提前让师范生思索教学方式以及对在职教师反思教学方式有重要的价值。

最后，教师专业发展中的重心转变。在过去的几十年中，对英语教师专业发展的重心放在教师的实践方面，认为英语教师教育的重点在于开展一些"建构主义教师教育的项目"，这些项目以培养建构主义教师为目的。目前，随着项目的开展和进行，学者们逐渐发现反思在英语教师教育中的重要作用，反思也成为建构主义教师必备的基本素质和重要能力。

3.课程和教学设计发生新变化

建构主义建立了"以学生为中心"的课程与教学设计，使课程和英语教学有了新变革、新发展。

（1）促进了英语课程发展中的新变革

当把建构主义引入英语课程时，课堂环境和课程设计都有了新变化。首先，在课堂环境上，学生与学生之间、教师与学生是平等合作关系，整个课堂充满了民主开放的气氛，学生在英语课堂中可以畅所欲言，教师是学生建构的支持者和指引者。其次，英语课程设计也有了新变化，建构主义教学理论主张整合课程，展现给学生的是知识的整体，不是零散的部分，学生围绕"问题"进行合作探究。所以，建构主义的英语课程设计更加趋向融合化和整体化，与以往的分科教学有着截然不同的设计理念。

（2）形成了英语教学设计中的新变化

在建构主义的指导下，英语教学设计发生了新变革。

首先，英语教学设计的重点由"教"的设计转向"学"的设计。目前，从西方的课堂教学可以明显看出，专家和教师在设计教学活动时，考虑如何为学生提供更多的参与机会，怎么设计英语教学能让学生更加积极和主动，关注学生的学习体验，倡导学生间的合作探究。

其次，英语教学设计内容重点从初级学习转向高级学习。其他的教学理论在设计教学时大多数都是针对结构良好的问题，结构良好的问题一般都有明确的条件和明确的答案。比如，教科书上大部分都是结构良好的问题，在设计时追求系统化、序列化的教学设计程序，教师操作起来很容易也很好评价，教学设计的重心还停留在初级学习。但是建构主义更加关注一些结构不良的问题，建构主义教学理论提出，结构不良问题对学生知识的形成非常重要，结构不良的问题通常有多种解决途径，也可以有多种成果，因此，建构主义提出多种对结构不良问题的教学设计，如抛锚式教学、随机进入教学等。这些教学设计强调学生在解决问题时的中心地位，强调创新思维和开放气氛，接受不同的声音、矛盾和个性，这些教学设计能提高学生解决问题的能力，教学设计从设计书本知识转向设计让学生解决更有价值、有意义的问题，英语教学设计的重心逐步转向高级学习。

再次，英语教学设计方法的新变化，表现为从"自下而上"转向"自上而下"。建构主义教学理论极力反对"自下而上"的教学设计，这种教学设计会阻碍学生对知识间的迁移，割裂了知识之间的联系。建构主义教学理论主张"自上而下"的教学设计，能使学生在全局和整体的视野下进行部分的学习，教学先向学生呈现整体问题，学生再通过探究尝试完成每一个部分的学习，这种教学设计更有利于学生的独立探究和学生间的合作交流。

最后，开辟了对英语学习环境的设计，这是英语教学设计的一个创新点。建构主义教学理论突破了传统英语教学设计的领域，创新性地提出对学习环境进行设计。在我国，随着新课改的推进，越来越多的学者认识到学习环境的重要性，学校和教师在设计教学时也对学习环境给予更多的关注。

（三）建构主义教学理论实践的主体标准

1. 何为主体标准

建构主义教学理论的实践主体包括教师和学生。教师对建构主义教学理论的态度、理解程度及操作能力直接影响理论的实施效果，而作为另一主体的学生，也有重要的影响作用，学生要有进行建构主义学习的意向和能力。建构主义教学理论要求教师转变以往的教学风格，学生转变以往的学习风格，这种转变并不像想象的那样困难。本书为教师和学生提供了一个成为建构主义教师和学生的参考框架，教师根据这些标准规范教学行为，学生也要努力达到这些标准，从而真正驾驭建构主义学习活动。

2. 英语教师要成为一名建构主义教师

（1）建构主义英语教师鼓励和接纳学生的自主性和创造性

建构主义英语教师应该充分利用英语课堂教学的机会，培养学生的自主性和创造性。学生对自己的学习负责，在新任务的指引下，自主建构，成为问题的解决者，这时学生要有思考问题、自主探究和发现新信息的自由，所以，建构主义教师要适当"放手"，给学生发挥自主性和创造性的空间和时间。

比如，在英美文学课堂教学中，教师设置任务的方式将很大程度影响着学生自主性和创造性的发挥，建构主义教师在布置任务时经常使用"预测""思考""分析"等术语。传统英语教师会让学生概括文章的中心思想，而建构主义的教师让学生尝试分析文章中几个主人公之间的人物关系，或者预测故事的未来，为故事写一个续集。两种教师给学生布置的任务不同，学生探究的方向和方法就不同，预测、分析、整合等属于高级思维活动，学生只有在掌握了故事的背景材料和对故事有深刻理解的基础上才能进行创建练习和完成预测，这样的任务更有利于激发学生的自主性和创造性。

（2）建构主义英语教师鼓励学生参与到与学生和教师的对话中

与同伴和教师之间进行互动，使学生有表达自己想法的机会，同时，也能倾听和思考其他同学和教师的观点，这是非常有意义的经验，将推动学生的意义建构。在传统教育培养下，部分学生习惯于教师在正确与错误的观点上做出区分，并且明确地指出哪些是正确的答案、哪些是错误答案，学生把教师当成是知识的权威，他们期望教师直截了当地传授新知识，而不喜欢师生间平等的交流和讨论问题。在英美文学课堂上，学生只有确信自己的答案正确才肯开口说话，这样的教学局面不能帮助学生反思旧的理解和建构新的理解。而建构主义式的教师积极鼓励学生参与到发言和讨论中。比如，建构主义教师会为学生组织一次读书讨论会，学生利用三周的课余时间进行阅读，然后，学生和教师坐到一起共同讨论，学生各抒己见，在对话与讨论中碰撞出思想的火花，教师重点关注平时沉默寡言的学生，鼓励他们表达自己的想法并给予积极的反馈。学生之间的讨论交流不但能改变原本有隔膜的人际关系，而且还能促进不同类型学生之间互相借鉴和互相学习。

（3）建构主义英语教师会根据学生的反应推动课堂，调整教学策略和内容

教师是否开展某个主题并不是完全取决于学生的兴趣，更不是指如果学生对其他话题感兴趣，教师就可以抛弃现有英美文学教学内容。建构主义教师根据学生的兴趣和知识背景选择一个恰当的学习主题，当学生的积极性和已有知识与当前学习材料融为一体的时候，才是进行意义建构的时候，也是教学能够发挥最大效果的时候，这在教育中被称为"教育时机"。在传统英语教学活动下，很少能遇到这样的教育时机，教师讲授的内容大多是建立在成人观点基础上，由成人来决定学什么，这导致学生对教师讲授的内容提不起兴趣。所以，建构主义教师要根据学生的需要和反应去组织教学活动，改变一成不变的教学程序，创造更多的教育时机。比如，一场大雪突如其来，每个学生都会被飘落的雪花和眼前的美景所吸引，如果英语老师还想继续讲语法、物理老师还想继续讲公式，那么，所有的老师都会发现，学生已经被这场大雪搞得心不在焉。因此，作为一名建构主义教师要懂得灵活应变，会根据学生的兴趣和反应来不断调整教学内容和策略。

（4）建构主义英语教师善于提供富有开放性和研究性的问题

如果教师经常提出有且只有一个正确答案的问题，又怎能调动学生尝试多种方法、从不同角度去探究解决问题的途径？教师经常给学生讲授哥伦布是一名伟大的探险家，他开辟了新大陆等，这些肯定的答案并不能激发学生的探究。因此，只有富有挑战性且能引发人深入思考的问题才能激发学生的探究欲望，从而展开更广泛更深入的研究。

（5）建构主义英语教师会保留自己的理解，给学生探究的时间和详细阐述最初想法的机会

教师要在学生形成自己的理解和详细阐述想法之前，保留自己的理解。因为学生都认为教师掌握着正确答案，大部分学生听了教师的标准答案之后就会停止思考，完全接受教师的答案。建构主义教师在布置完问题之后，会给学生预留出充足的思考和讨论的时间，然后，让学生详细阐述自己的想法，通常学生在详细阐述过程中会发现自己理解过程中的错误并重新建构理论，同时，教师可以从学生的阐述中发现问题的根源，并针对根源进行重点的解释和说明，这样使教学活动变得更加有针对性和实效性。

（6）建构主义英语教师会基于教学背景评价学生

传统英美文学课堂教学中评价方式是教师提问，学生回答，教师再指出哪些同学的答案是正确的、哪些同学的答案是错误的。课堂中教师的评价会给学生带来负面的心理暗示，首先，学生会觉得教师提出的问题只有一个正确答案；其次，如果不能肯定自己的答案是正确的，就不要发言。教师们并不喜欢说"你这个想法很有个性，能说一下你为什么会这么想"或"我很欣赏你的观点，再详细说一下好吗"，教师更喜欢说"错""对"。传统的课堂评价有很多的弊端，"错"的字眼会使学生感到很挫败，认为自己独特的思考方式是错误的，是不符合正确答案的，于是学生就不会再有探索问题的热情，而是在琢磨教师想要什么答案，显然，这种课堂评价是没有任何意义的。真正有价值和意义的探究应该是广泛的、开放的、跨学科的，这样的探究是没有唯一的正确答案的。教师要重视学生千奇百怪的想法，学生的想法可以反映他们的思考状态，并给予适当的引导。建构主义教师要引导学生认知水

平、人格品质、动手能力和师生关系的全面发展，学生看似"错误"的答案正是教师进行干预的切入点，从而使学生构建起新的理解和知识。

第二节 信息化背景下英美文学多模态教学

信息时代的到来创造出了许多新的科学技术，计算机网络凭借其快捷传递信息、信息准确性高、信息的表达不再单一、可以采取多种方式的特点受到了人们的追捧。在英美文学教学中，基于计算机网络的教学模式能够改变人们只能单一依赖文本的单模态教学的局限性，使教学可以向多模态化发展。学生在多模态化的教学中也能改变获取知识的单一途径，进而通过多种途径来了解知识、积累知识、运用知识和更新知识。

一、多模态化英美文学教学的理论基础

"多模态教学"这一概念是 New London Group 在 1996 年提出的，指在教学中使用多种制造意义的多媒体符号资源刺激学生的感官感知模态，以达到语言教学目的，从而提高教学效率的新型多媒体教学模式。它倡导借助多种渠道、多种教学手段来调动学生的多种感官协同运作。

（一）多模态话语分析理论

20 世纪 90 年代以来，西方语言学研究者兴起了对多模态话语研究的热潮，将语篇分析的研究范围扩展到除文字以外的其他领域。国内学者经过 10 多年的理论探索和应用实践研究，把多模态话语分析（Multi-Modal Discourse Analysis）理论运用于教学中，效果良好。第一，顾曰国认为，模态是人类通过感官（如视觉、听觉）跟外部环境（如人、机器、物件、动物等）进行互

动的方式，是指交流的渠道和媒介，包括语言、技术、图像、颜色、网络、音乐等符号系统。用单个感官进行互动的叫单模态，用两个的叫双模态，三个或三个以上的叫多模态。可以说，多模态是指除了文本之外，带有图像、图表等符合话语，或者任何由一种以上符合编码实现意义的文本。多模态教学基于多模态话语分析理论框架，运用多模态符号在教学过程中使各种感觉器官都融入学习中，有利于学生从更多的渠道获取信息和建立意义结构，加深理解教学内容和记忆印象。多模态互动教学（教学的主体、客体、主客体）为学生的语言输入创造了有利环境，帮助他们提高语言输出和语言的应用能力。第二，师生角色的变化。教师从传统课堂上的主导者和知识的灌输者转变成教学活动的组织者、设计者、指导者和帮助者；学生从被支配者和被动接受知识者转变成积极的参与者、学习者、探究者和思考者。通过参与教学活动，学生激发了学习的热情和主动性。丰富的网络信息资源给学生提供了超越时空的学习环境，辅助他们自主学习，实现对知识体系的建构。

通过简析发现，这两种理论都强调教学过程以学生为中心，实现主体和客体角色的转变，创设多种渠道和良好环境使学生获取较多的信息和建立意义结构。因此，教师应合理利用网络信息技术和现代化教学条件，构建多模态教学模式，真正使学生学有所获。

（二）多模态化教学的理论基础

在一个交流活动或者交流成品中不同种类符号模态所组成的混合体被称为多模态化，另外还可以表示调动各种符号模态来构成一个特定文本中某个意义的方式。多模态教学运用的教学手段多样，主张采用图片、视频、音乐、网络和角色扮演等来激发学生的学习兴趣，调动学生尽可能多的感官来进行语言的学习，提倡在教学活动中鼓励师生之间、生生之间进行互动。在教学条件允许的时候，主张将文本教材、文学作品、互联网音乐和互联网结合，创造出融合文字、色彩、声音和图片的多模态组合。计算机网络的出现，为多模态化英美文学的教学提供了便利的条件。众所周知，计算机网络有着海量的资源，这为教学提供了丰富的教学资源，教师可以利用计算机网络对教学内容进行开发。同时丰富的教学资源能够为学生提供多种学习英语和运用英语的途径，这种贴近学生日常生活的课程资源能够帮助学生在学习中了解时代，丰富学生的见闻。所以基于计算机网络的多模态教学是能够利用网络所提供的资源来实现对单模态教学的改变的。

二、信息时代多模态教学模式的意义

多模态教学是指教师在多媒体教学环境下，借助语言、图像、声音、动作等多种模态协同意义表达，并指导学生利用多种话语模态构建意义，进行交际，由此师生共同实现教学目标。

很长时间以来，英美文学课程仅为英语专业学开设，课程内容一般包括文学导论、文学概况和文学批评。面向英语专业学生的英美文学课程的教学方式长期以文本阅读、理论学习和阐释分析为主，该课程要求学生投入大量时间阅读原文，在教师的指导下了解时代背景、作者生平、作品概要、风格技巧，要求学生熟记文学常识、熟知文学流派和文学理论，并能深入理解和分析作品内涵。总之，作为专业课程的英美文学教学以教师讲授为主，以学生文本阅读为基础，教师是知识输出者，学生是信息接收者。实证教学研究发现，传统灌输型教学模式往往效果不理想，尤其是在当前新媒体主导的阅读背景下，纯文本阅读对学生的吸引力变弱，严肃的文学理论学习无法引起学生的阅读兴趣，更谈不上感受经典文学的魅力。而在新课程要求颁布之后，大学英语教学不再单一化，英美文学走入非英语专业学生的课堂。英美文学的授课对象是非英语专业学生，大部分学生的英语学习水平还达不到能阅读和理解英文原著的能力要求，对英语的学习兴趣和阅读广度深度都远不及专业英语学生，因此，课程教学的模式也应进行改革。

三、构建和实践英美文学多模态教学模式

（一）构建英美文学多模态教学模式

受英美文学课特点的限制，传统的教学模式以单模态（文本）为主，教学设计几乎是围绕"教"而展开，很少顾及学生的"学"，忽视学生参与教学活动，他们始终处于被动状态，学习的主动性和积极性难以发挥。这种教学模式远远不能适应信息时代学生学习的多模态特征。为了克服这种现象，笔者借鉴既有的研究成果，结合教学对象和教学环境的实际情况，在文学课教学中尝试使用多模态教学模式。

这种模式充分吸纳了传统教学模式的优点（教师讲解），有效利用了多媒体和网络资源平台，给学生留有足够参与教学过程的时间。根据教学内容，教师有计划地把课堂时间切块，每节课学生参与的时间不少于三分之一；学生自愿组成小组（5人左右为一组），以 PPT、self-presentation、role-play、talk show、电影片段等多样化的形式参与教学（形成性评估的一部分）。对于难点、要点和问题较多的章节，教师借助 PPT 详细讲解。整个学习过程以学生自主性学习为主，课内、课外相结合，通过阅读、分析、思考、讨论文本及查阅相关文献资料，综述观点，达到新旧知识相融合。课内学生参与教学的机会均等，鼓励他们发表看法和观点。所有教学设计以有利于学生多模

态互动为目的。在这种学习环境中，学生的多感官协同参与学习活动，思维活跃，知识通过多模态得到不断强化和内化。多模态加大了课堂信息容量，调动了学生学习的积极性和参与意识，有效地提高了教学效果。

（二）英美文学多模态教学实践模式

1. 搭建支架，拓展知识层面

支架式教学是建构主义的一种教学模式。"支架"应根据学生的"最近发展区"来建立，通过支架不断地将学生的智力从一个水平引导到另一个更高的水平。在多数高校，文学课内容丰富，课时量有限，多数学生迫于考试的压力不得不学，真正喜欢该课的学生为数不多。此外，大多数学生的英语水平有限，文学功底薄弱，不能完全理解作品内容，难以领悟其魅力所在。面对此种状况，在实际教学中，教师应运用多模态符号（声音、图画、图表、文本等）激活和引导他们整合已有的经验或知识，把它们作为新知识的生长点，使学生多渠道获取知识信息，并建立新旧知识之间的联系，依靠自己的认知能力，学会思考和分析，形成新观点。例如，讲解《简·爱》时，教师和学生共同搭建基本的知识框架：作者、时代背景、主题思想、结构分析等，对于这些内容，把学生分成小组（5～8人为一组），分别布置任务，督促他们利用课外时间阅读文字材料，通过网络、图书馆等查阅较多的相关资料，以 PPT、图片、电影片段等各种形式在课内展示或讲解，鼓励其他学生发表不同意见或补充观点，培养学生在讨论和筛选资料中，学会思考和分析问题，自主构建知识间的联系和结构。之后，教师以图表或 PPT 形式综述和归纳要点，通过"支架"，从较深层面渗透相关的新知识。例如，后殖民女性主义视域下对《简·爱》中主要女性角色的分析、作品的现实意义、反映的父权制文化及妇女解放思想等，或提供一些学术论文、书目，使学生基于已有的知识体系，从不同视角理解作品的内涵，实现对意义的构建，拓宽知识面。

2. 创设真实情景，协作学习，提高思辨能力

建构主义认为，创设情境，尤其是真实情境，是"意义建构"的前提。利用多媒体、计算机和网络技术，借助多媒体课件或网上资源，创设"界面直观形象"的学习环境，有效组织各种信息资源和学科知识，努力为学生创造超越时空的学习平台，使师生进行多向信息交流，促使多模态教学的实现。文学课上，教师根据教学内容，有选择地侧重运用不同的模态。通过呈现音频、视频、图像、动画、文字等，形象直观地创造真实情境，使学生犹如身临其境，激发其想象力和联想，使枯燥的文字内容形象化、立体化、具体化。例如，教师在讲解英国启蒙运动时，应以文字模态为主，因为涉及 1688 年革命、两大党派、社会文化生活、法国启蒙运动等，此时，文字模态起着主要解释和引领的作用，辅以 PPT 课件、图片、音频、视频等，作为背景的图像模态，以视觉冲击力加深文字的含义；讲解莎翁 Hamlet 中 *To be or not to be* 片段，可以截取电影中的独白片段，调动学生的听觉感官参与对文字模态的辨听，图像模态和声音模态的辅助作用将加深学生对文字模态的理解。学生置身于多模态创设的学习情境中，由于不同的文化背景、知识结构和解读动机，通过对话、商讨、辩论、补充、修正等形式对问题进行论证，将发现的信息和知识点与教师和其他同学共享，最终达到对作品较为透彻的理解，完成对所学知识的意义建构。这种学习情境，使教师与学生、学生与学生、学生与教学内容及教学媒体之间相互作用。学生通过教师的引导，学会在阅读文本时思考，拓宽知识面，与同学或教师交流意见、发表看法、分析或评论他人的观点。这种协作性学习方式有利于优化师生和生生的关系，激发学

生学习兴趣、发展个体思维能力、增强学生之间的沟通能力，使不同水平的学生在所创设的时间和空间中自由发挥和主动学习，便于形成批判性思维与创新性思维。

3. 组织好第二课堂，培养学生的文学兴趣，提升人文素养

建构主义认为，学习是一个积极主动的建构过程，学习者的建构是多元化的。在学习中，应充分发挥学生的主动性，激发其创新精神；在不同的情境下创造多种机会，鼓励学生灵活运用所学知识，能根据自身行动的反馈信息形成对客观事物的认识和解决实际问题的方案。当前，覆盖面相当广的网络为学生自主学习提供了良好的平台。电脑、手机的使用，让学生可以随时随地方便地查找资料或欣赏影视作品。课内教学重在启发和引导，第二课堂是课内知识的延伸，是学生思索、实践和创新的过程。教师应根据教学内容，有意识地给学生布置一些有深度的问题，督促他们研讨、得出结论。例如，《简·爱》中的"疯"女人，为什么只闻其声（吼声），不见其人？她是病"疯"还是被逼"疯"？以此引导学生思考父权制下的妇女地位或西方女权主义的局限性等；欣赏了浪漫主义诗人华兹华斯的"咏水仙"，启发学生反思它所表现的生态思想及对当下生态保护的意义；分析哈代的《德伯家的苔丝》，让学生对比苔丝与我国农村进城务工年轻女性的命运的异同，探讨其所面临的社会问题及这部作品的现实意义等。为了让思考题落到实处，学生自愿组合小组（5人左右为一组），以书面（小论文、讨论提纲、PPT等）或口头形式完成，教师抽查或学生自查或交作业是形成性评估的一部分。对于学生感兴趣的小说或戏剧，可采取配音、角色扮演等形式加深理解。多样化的第二课堂活动，能增强学生的自信心，激发其文学兴趣或爱好；通过文学作品循序渐进的熏陶，使学生不断汲取正能量，提升自身的人文素养。

4. 借助文学名著改编电影实施多模态教学

符号资源是用来创造意义的认知资源，交际和再现意义经常需要多种符号资源编码，即多模式，任何由一种以上符号资源构建意义的文本即为多模态语篇。文学改编电影基于文本意义和技术融合，利用语言、图像、声音等多种符号资源构成复合话语，构建整体意义，传递多层次信息，其本质就是多模态语篇。电影相较于纯文学文本，模态更丰富，其视觉的直观性和多种资源组合达到交际目的优势相当突出，弥补了读者经验不足以致无法完成文本意义解读的缺陷，降低了读者理解原著的难度。同时，电影可以在短时间内以全方位的视角展现作品的整体意义，给予学生强烈的感官冲击，以生动活泼的姿态抓住学生的兴趣，进而提高学生的学习能力。虽然文学名著与电影并不能等同，但运用文学名著改编电影实施多模态教学对非英语专业学生的英美文学类课程教学依然有不可取代的意义。改编电影的多模态特征为其应用于文学教学提供了可行性，因为电影本身是语言、声音、影像的多元符号结合体。

多模态教学作为教学理论，主张利用多种教学手段来调动学生的感官协同运作参与英语学习，有利于提高英语教学效率，优化教学效果和推进大学教学改革进程。相比传统教学，多符号多模态的教学方式能构建真实的语言环境，优势明显。教师在多媒体环境下充分利用多种模态获取、加工和传递信息，学生则调用感官接受、处理及输出信息。英美文学教学的每次课程准备都离不开多种模态的有效融合，教师可采用视频、电影剪辑、录音、图片等传递信息，充分展开教学活动，实现教学过程的最优化，使现代多媒体技术服务于外语教学。

英美文学采用多模态教学有其现实与理论基础。英美文学经典作品一直以来都是语言学习的核心素材，在现代信息技术飞速发展的背景下，文学与文化、文学与影视相互交融、彼此影响。越来越多的经典文学作品跃上荧屏，语言的习得不再仅仅依靠书本阅读，技术创新和艺术创新使得经典文学作品展示在全世界读者眼前。电影本身就是多元识读的最佳素材，是最好的语言文化载体。而在理论基础方面，胡春洞提出外语教学是整体的、立体的、综合的、全息的，主张多种技能的综合。教师必须根据英美文学课程的学习目标，科学使用各种模态合理安排教学设计，具体包括教学目标、教学程序、教学任务、教学方法和教学模态的设计。教师教学中采用文本、照片、电影剪辑、音乐等模态进行信息传递，并充分利用角色扮演、文本朗读、小组讨论、阅读报告、电影影评等多种方式服务于课堂教学。

把电影作品作为文学学习的手段并不是简单地利用原始素材。英美文学多模态教学的学习过程包括教师的多模态教学和学生的多模态学习两方面。英美文学的多模态教学，具体是指教师在新媒体英语教学环境中转变角色，辅助学生辨识各种符号并构建意义。教师虽不是学习的主导，但其指导作用不可忽视。首先，教师在教学设计中必须熟悉多模态素材，通过选择合适的多模态材料，如 PPT、海报、报纸评论、网络平台、电影剪辑等，引导学生接触多模态语篇，使学生在阅读文本这种语言模态之外，辨识各种资源，熟知非语言成分的模态，如图像、音频、视频、颜色等。同时，教师需要利用 PPT、电影等现代教学媒体来协助教学。教学的主要模态是听觉模态，学生通过教师口语来了解作品，辅以教师形体语言，将学生的焦点集中在知识点上。文学文本、教师口语、教学 PPT 和电影剪辑的综合选择，构成了英美文学教学的主要模态。对这些模态的合理选择和有效利用，依赖于教师自身教学素质的提高和对教学理论的学习和实践。各模态的选择取决于该模态对英美文学教学目标的完成是否有益，是否发挥了协同作用，以及是否强化了作品理解。教师应把握好教学原则做出合理安排。多模态学习也要求学生借助多模态手段并经由多种感官多模态地认识、处理、接收和运用语篇信息和非语篇信息。学生首先通过视觉模态进行文本识读和语篇认知，同时，要认真观察教师演示的教学模态，获取并处理和输出信息，如回答问题、展开讨论、角色扮演、影片赏评等多种方式，以听说等多种模态带动感官参与学习，从而培养自身的语言、思维和操作能力。

5. 完善考核方式，提高测试信度与效度

每门课程结束时，教师会对所讲授的内容和相关知识进行测试，这是检验和评价教与学的效果，调整和影响教与学的方法、态度等方面的一种基本手段。测试涉及信度（reliability）与效度（validity）两方面，前者的目标是"这个考试是可靠的"，后者的目标是"这个考试是有效的"，力求公平、公正，真实反映教与学的状况，为今后的教学改革提供有力的帮助。文学课考核方式多以终结性学业测试为主，主要检验学生的整体文学知识与阅读、赏析能力以及课程的教学方法、效果等各项指标的合理性与有效性，对学生各项能力的评估存在不足，不能全面反馈教学所需信息，信度与效度较低。该课程的目的是提高学生的英语语言水平，使其掌握基本的文学常识，具有一定的赏析与评价能力。终结性评估手段难以完成这些任务。基于建构主义学习理论的形成性评估，要求评估信息及时反馈给学生，及时调整教学内容、改进教学方法，积极开展以意义建构为导向的自主学习。文学课形成性评估涉及

一些终结性评估试卷中难以完成的测试内容（如作业、PPT 课件、小论文、小组讨论、角色表演等），它可以监督、引导学生自我知识的建构，培养学生发现问题、解决问题及批评性思维等能力；同时，教师做到实时评估，及时了解学生和调整计划。形成性评估弥补和完善了终结性评估中对教学过程的管理和适时调整的不足，这两种评估手段在培养学生思辨和创新能力方面，相得益彰。在评分比例方面，终结性评估是对整体教学效果的总结性评价，在学业总成绩中的比例可设定在 60% 左右；形成性评估是对学生学习过程进展的评价，分值比例可设在 40% 左右，目的是对学生参与教学、自主学习、第二课堂活动以及创新能力培养过程的肯定和鼓励。两种评估手段结合使用，便于完善教学过程，提高教学质量。

实践证明，多模态话语分析理论为基础的"英美文学"多模态教学模式，可以使学生从被动学习的状态变为学习的主体，有助于学生对已积累的知识和经验进行科学的加工和再创造，从而产生新观点、新知识。

四、多模态教学模式的反思

与传统的单一教材文字模态相比，基于计算机网络资源和多媒体辅助教学平台的多模态教学模式，使文字、图片、音频、视频等多模态资源相互共存，较好地刺激了学生的听觉、视觉、触觉等多种感官，弥补了枯燥文字所缺乏的画面感和学生感官的空白，使原著更加形象化和立体化，变静态为动态，变抽象为具体，极大地激发了学生的学习兴趣，很大程度上消解了学生对纯文本的理解困难。同时，学生有较多机会参与新知识的构建过程，使以前积累的知识或经验与获取的新知识相互联系，实现多模态信息处理和解码，完成知识内化。这种教学模式对教师和学生提出了更高的要求。

　　一方面，教师应适时转变教学理念，不断学习计算机和多媒体教学技术，提高信息素养和应用信息的能力，处理好多模态与教学设计的关系。多模态教学信息量大，模态变换快，但它只是手段，不是教学目的。教师应根据讲授内容，有侧重、有选择地使用合适的模态，切忌滥用模态，生搬硬套，致使学生视觉、听觉或触觉疲劳，变"填鸭式"为"机灌加人灌"式，或课堂热热闹闹，学生收获甚微。此外，教师应博学、敬业，主动监督学生第二课堂活动和自主性学习的进展，多采用启发、引导、鼓励、探究式教学，给学生留有足够的参与和思维空间，树立学生是教学主体的意识，重视学生独立学习能力和创新精神的培养。另一方面，学生应从加强英语语言修养、提高文学鉴赏力、开阔视野等视角以正确的态度对待文学课。改变学习方法，克服畏难和懒惰情绪，课前、课后以"任务"为中心，以学习小组为形式，开展有效阅读、讨论、PPT 课件制作等活动，积极参与教学，逐渐从被动接受信息者变为主动建构知识者。同时，学会独立思考，具备获取信息、选择信息、分析和处理信息的能力，勤于整合各种有利于学习的资源，不断从知识和技能等方面充实和提高自身素质。

第三节　英美文学教学改革研究

随着教学改革的发展、教育教学的优化，近几十年来，英美文学课成为我国外语专业教学的一门非常重要的课程，且占据着越来越重要的地位，对于提高学生的英语学习能力有巨大的帮助。通过阅读分析文学作品，思考与讨论中外文化差异，进一步提升英语专业学生的思考能力、敏锐的洞察力，加强对中外文化异同的理解，提升学生的语言综合素质。然而随着经济的飞速发展，作为传统的文化课程，英美文学课程面临着一系列挑战。

一、英美文学课程改革的重要性

2000 年的《高等学校英语专业英语教学大纲》把英美文学课重新确立为必修课，提出"文学课程的目的在于培养学生阅读、欣赏、理解英语文学原著的能力，掌握文学批评的基本知识和方法，开阔思维，拓宽知识结构。通过阅读和分析一定数量的英美文学作品，促进学生语言基本功和人文素质的提高，增强学生对西方文学及文化的了解"。这一指导思想指出，开设本课程不仅仅要使学生学习英美文学知识，更重要的是培养学生的语言基本功及文化素养、文化敏感性。

（一）基于英美文学的课程目标

通过阅读、欣赏、理解英语文学原著，可以培养学生独特的文化品位鉴赏能力，在阅读过程中也能提升学生的英语语言功底，让学生了解英美文学发展过程中的文学现象、作者、作品。学习文学批评的基本方法和知识，通过对经典片段的仔细阅读分析可以帮助学生提升自我思考及文化思辨能力。

通过英美文学认识英美文化，学生可以深入了解英美的经济、政治、宗教、文化等，进一步开阔视野。

（二）基于社会及学生个人需求的实用性

随着经济文化全球化的发展，社会对多样化人才的需求与日俱增，市场对过去那种单纯的语言型毕业生的需求量逐步减少。而英美文学课程一方面提升了学生的英语语言能力，使学生的听、说、读、写能力和语言表达能力都有所提升，为个人日后就业奠定了基础。另一方面也培养了学生对文化和文学的敏锐的感受能力，通过英美文学课程的学习，提高了学生的跨文化意识，也提高了学生在就业中的竞争意识。

二、英美文学课程改革的建议

（一）加强英美文学学科建设与发展

首先，成立完善的领导体系。人才队伍建设是英美文学学科建设的关键环节。应该改革和完善高校工作机制，加强建立科技创新机制，为高层次人才的聚集创造良好的制度环境。另外，青年教师素质亟待提高。青年教师在知识方面的欠缺是导致高质量的高校专业教师队伍难以建立的主要原因。青年教师就地培训、校外培训、出国进修、在职或脱产攻读相关的硕士和博士学位等手段成为解决这一问题的多种途径。

其次，制订好规划。英美文学学科建设急需构建一支由学科带头人、骨干教师和青年教师组成的学科梯队。其中学科带头人是梯队形成的关键部分，他们是学科教学和科学研究的顶尖人物，具有丰富的教学和科研经验，时刻掌握新课程改革的进程，造就出一支强大的团队，成为学术研究的核心。学科带头人能起到传承、引导和带领的作用，这对一个科研梯队来说是至关重要的。广大骨干教师、学者是梯队的中坚力量，是英美文学建设的主力军，他们是理论水平高、师德高尚、思想活跃、业务能力强，是充满创造力的群体，是培养带动新人的主要力量。另外，一支成熟、优秀的学科团队需要吸纳一定比例的青年教师，他们是学科建设的重要资源，精力充沛、思维活跃、积极进取的青年教师对学科的发展起着非常重要的作用，其素质水平及潜在能力的发展状况关系着学科队伍的未来前景。

再次，明确任务和目标。英美文学学科建设的任务是要打造高素质、拥有全面知识体系的英美文学教师团队，为国家培养高素质、全面发展的栋梁之材。教师在教育事业中起关键作用，能否培养出身心全面发展、德智体全面发展、符合社会需求的人才，关键是充分发挥教师的作用。作为英美文学教师除应具备扎实的英语语言教学功底外，还应该具备个性化教学的能力。这就要求教师要充分发挥自己多方面的素质。教师应当有目的、有计划、有组织地引导学生掌握系统的科学文化知识，在教学过程中发现学生的爱好、性格特点，并采取有针对性的教学方法，激发他们的学习兴趣和创造潜能。同时，教师也要了解自身特长，善于在教学中利用自身优势，激发对工作的热情。教师一定要有广博的知识，及时跟踪学科和社会发展的最新状态，了解新思想、新观点，站在学科前沿，吸收最新的教育成果并创造性地应用到教学过程中，进而提高整个教学质量。

最后，深入开展科学研究工作。科学研究是学科建设的重要内容，也是提升学科水平的重要手段，应当以科研"养"学科、以学科"促"科研。有人认为教学与科研不能同步，我们必须坚持把两者有机结合起来，相辅相成、相得益彰。不但要教学有层次，科研更要有层次，在教学中搞科研，以科研促进教学。教师要用自己的科研方向和研究兴趣激励学生，不仅培养学生的学习能力，更要激发学生的研究兴趣。

（二）现代教育手段与人才培养

为了适应现代化潮流的趋势，各高校的教学条件、手段不断得到改善，很多高校都使用多媒体技术来辅助英美文学教学。这有利于扩大课堂容量、丰富课堂内容、提高课堂效率，有利于提高学生在英美文学学习上的积极性，进而推动教学质量的迅速提高。笔者认为制作多媒体文学课件必须遵循以下原则：以学生为中心的原则。课件的统筹和设计要让学生既有接受的兴趣，又有参与的主动性。不能把学生当作影像和文字的被动接受者，压抑学生接受知识的积极性和创造性。课件设计所遵循的原则应该是充分调动学生的自主性、能动性和创造性等个人主体性，使学生主动积极地参与到具体的教学活动中，真正成为学习的主人。

1. 增强互动的原则

课件制作的目的之一是增进教师与学生之间、学生与学生之间、小组与小组之间的交流和讨论，方便学生自由选择学习方式、支配学习过程，给予教师及时的反馈和提示等。教师可以选择相关的教学资源，如图片和背景分析等资料，通过课件植入与学习内容相关的导入性讨论，并由教师或学生对这一过程和结果进行总结和评价，实现师生之间、学生之间最大限度的互动。

2. 科学指导的原则

在制作多媒体课件时，既要坚持以理论为指导，又要将先进的技术与实际教学结合起来，针对英美文学学科的特点，根据教学目的和教学目标，突出重点和难点，尊重学习者的认知规律。对逻辑性和条理性把握强的教师，其教学会事半功倍，能够使学生直观地、形象地、系统地、深入地理解和建构文学知识。

3.加强艺术性的原则

声音、色彩、图像、音乐、动画等因素的组合和运用，能够增强教学的直观性、形象性、感染性、识记性。因此，综合运用多种媒体精心设计个性鲜明、文字简洁、画面精美、声音动听、图文并茂的优质课件，能使学生享受审美的愉悦，愉快地学习文学知识，同时调动学生的积极性，提高学生对文学作品的理解和分析能力。

为了使英美文学教学满足新时代对外语人才的需求，高校要在对传统教学模式重新思考和认识的基础上进行一系列改革，在对学科含义充分理解的基础上加强英美文学学科建设并组建优秀的学科梯队。教师要不断提升教育理念、更新教育观念、改善教育行为，在教学实践中不断探索、研究和反思，并善于利用现代教育技术，有效地提高学生自主学习能力，激发学习潜能，促进其全面发展以适应新形势对外语人才的需求。

第七章 文学修养视域下英语阅读教学的方法与应用

第一节 英语阅读教学概述

一、阅读教学的理论基础

《大学英语教学大纲》明确规定："大学英语的教学目的是培养学生具有较强的阅读能力、一定的听和译的能力和初步的写和说的能力，能以英语为工具，获取专业所需的信息。"《大学英语教学大纲》还规定："不仅要重视句子水平的语言训练，还要逐步发展在语篇水平上进行交际的能力。"这就要求英语教学不能仅仅停留在词汇、句子的理解水平上，而要开展深层次理解教学——语篇教学。然而，长期以来，在外语教学中，由于受传统语言学和结构语言学的影响颇深，教师大多仍用传统的句法分析法，强调学生对语言材料逐词逐句的理解，过多地重视词汇、语法等语言难点的讲授，多采用由部分到整体、自下而上的以语法为线的教学模式，忽视了要求学生对文章内涵的理解和掌握。学生虽然能了解文章的局部，却无法使学生对文章的全局及语言赖以生成的情景做充分的认识和理解。近年来，随着国外新的阅读教学理论的不断产生，新的教学思想、教学原则和方法先后传入我国，在外语教学课堂里出现了一种颇受青睐的教学方法——语篇教学法。

（一）语篇教学法的原则

语篇教学法属于功能意念的教学范畴，它的指导理论是语学中语义宏观结构和语用宏观结构理论。根据语义宏观结构理论，教师在教学中首先要将注意力集中在引导学生抓住作者的主题思想和中心文题，然后讲解和分析词、短语和句子的意义及其用法；而根据语用宏观结构理论，运用语用分析进行教学则有助于提高语言技巧训练的效率，克服孤立地讲解语言形式的弊端，使学生能有效得体地使用语言，并确保语言表达的准确性。

语篇教学法就是从语篇分析入手，把课文作为一个整体，要求学生不要停留在词句的水平上，从文章的层次结构以及内容入手，帮助学生达到尽可能多地获取和掌握文章所传递的信息，同时逐步地培养学生的语言交际能力，即通过分析一段话或文章以及说话的场合和文章的上下文来描述这段话或文章的语言结构、文化特征、交际方式及语境特征。因此，这种教学方法可以把分析语篇、打好语言基础、培养交际能力有机地结合起来。

（二）语篇教学的方法

1. 整体阅读

整体阅读即对语篇的宏观导入，进行表层理解。从宏观的角度出发，指导学生理解作者的观点意图，使学生具有通览全篇的能力，注意力主要在"篇"而不在"句"，在文章的"意"而不在文章的"语法点"。教师可以提前把任务布置给学生，让他们预习，充分利用课堂时间进行讨论，让学生自己发现问题、提出问题、解决问题。教师把学生带有共性的问题提出来，以语篇为单位，立足于篇章整体，点出中心思想和段落大意，教会学生识别主题句，掌握文章的基本内容和中心思想，摸清作者的思维脉络以及词和句子的衔接手段等，并穿插传授相关社会文化知识，使学生不至于因为缺乏某种知识而产生语言理解的错误。

2. 分段阅读

分段阅读即对语篇的深层剖析。在语篇教学中，教师可以根据不同的体裁，把握重点，进行语篇分析。对于记叙文，首先要让学生找出课文中出现的人名、地名和时间顺序，然后找出与它们有关的信息，即找出课文中的 5 个"W"（who、when、what、where、why），并分析其关系；对于科普文章，应当引导学生在获取信息的同时，注意长句、难句以及文章的段落结构；对于论述文要让学生区分文章的主要观点，找出论据，研究论证，按照论点、论据和论证的递进层次进行分析，并提出自己的见解。不同题材的文章，有不同的侧重点，可以从思想内容上分析，从写作和修辞上让学生体会，有的则可跳出课文的框架，从世界观上深入探讨，对作者的语气、修辞和语言风格等方面加以研究，使阅读提高到一个更高的层次，进行欣赏和评价。

3. 细节分析

语篇教学法并不是将一篇文章笼统地介绍给学生，而应从微观的角度出发，培养学生学会围绕语篇有目的地识别信息，包括识别关键词，掌握篇章联结的基本手段，如语法手段、词汇衔接、语用与语义上的意涵等，并注意作者布局谋篇的特点和遣词造句的手法，所以语篇教学并不排除必要的语法内容讲授，但是与传统的语法教学法相比，它更注重篇章结构和中心问题，而不仅仅是零散的词汇和句子的学习。

4. 启发式教学

在进行语篇教学时，教师要有意识地设置一些障碍，启发学生思维，诱发其求知欲望，促使他们动脑筋、善思考，培养他们独立探索、解决问题以及熟练运用外语的能力。

（三）语篇教学法的利弊

语篇教学法的优点如下：

第一，有利于培养和激发学生的创造性思维。由于这种教学法强调以学生为中心，在学习语言的过程中，学生必须参与分析、推理、归纳等认识过程，它不仅要求学生不断参与各种课堂活动，而且还必须时刻保持高度的注意力，开动脑筋，激发思维。

第二，有利于培养学生运用语言进行交际的能力。因为这种教学法能够使学生在提高语言水平的同时，得到获取完整信息的能力和语言的交际能力，使他们的语言能力自然发展到语篇水平的交际能力。

第三，有利于培养学生形成良好的阅读习惯，提高他们分析问题和解决问题的能力。语篇教学法强调学生的课前预习，要求学生课前通读全文，熟悉内容，找出自己不理解的句子，以便在课堂上与教师和同学共同磋商，以求正确地理解，这样学生就由被动地听变为主动地学了。长期坚持下去，学生分析问题和解决问题的能力必然会提高。

第四，有利于激发学生学习的积极性，逐步形成以学生为中心的课堂教学。教师提出一些启发性的问题让学生思考，鼓励学生积极参与到语篇分析的教学活动中，从而打破了外语课枯燥乏味、死气沉沉的课堂气氛，形成了以学生为主体、教师为主导的生动活泼的教学局面，提高了学生学习的积极性。此外，它还能融洽师生关系，使学生在和谐、自然的语言环境中进行交际活动。

语篇教学法的弊端如下：

第一，刚入学的新生可能感到不太适应。采用语篇教学法，语言知识的转化与获取是以很快的速度进行的，这对刚入学的新生是一种挑战，因为他们的基本听说能力不是很强，面对新的教学法、教材和教师，他们往往会产生一种恐惧感。

第二，对一部分学生产生学习压力。由于这种课堂教学为学生提供了大量的语言活动机会，学生的语言能力不断地展现出来，对于那些内向、爱面子的学生会产生紧张感，若教师不因势利导，正确引导他们处理各种问题，势必影响他们的学习兴趣。

可见，语篇教学法有利有弊，但由上述可知利大于弊，由于语篇教学法集中了传统教学法和交际教学法的长处，能帮助学生从宏观和微观两方面更全面而深入地理解篇章，使其既见"树"又见"林"，使认识产生飞跃，最终达到适当、得体的交际目的，难怪有人把语篇教学法称为一场新的教学革命。

二、大学英语阅读教学的目标和原则

（一）大学英语阅读教学的目标

在大学英语教学中，阅读的目的可以概括为以下几点：第一，通过阅读搜索所需要的信息；第二，通过阅读获取新的信息；第三，培养阅读理解能力；第四，从所阅读的文章中得到乐趣，激发阅读的兴趣。《大学英语教学大纲》强调的是提高学生的阅读理解能力；培养学生假设判断、分析归纳、推理验证等逻辑思维能力；培养学生快速阅读的能力及阅读兴趣；增加学生的文化背景知识。

阅读教学的目标在不同的学习阶段要求也不相同。《大学英语课程教学要求》针对阅读目标划分了三个层次。

一般要求：能基本读懂一般性题材的英文文章，阅读速度达到每分钟70个词。在快速阅读篇幅较长、难度略低的材料时，阅读速度达到每分钟100个词。能就阅读材料进行略读和寻读。能借助词典阅读本专业的英语教材和题材熟悉的英文报刊文章，掌握中心大意，理解主要事实和有关细节。能读懂工作、生活中常见的应用文体的材料，能在阅读中使用有效的阅读方法。

较高要求：能基本读懂英语国家大众性报纸杂志上一般性题材的文章，阅读速度为每分钟70~90个词。在快速阅读篇幅较长、难度适中的材料时，阅读速度达到每分钟120个词。能阅读所学专业的综述性文献，并能正确理解中心大意，抓住主要事实和有关细节。

更高要求：能读懂有一定难度的文章，理解其主旨大意及细节，能阅读国外英语报纸、杂志上的文章，能比较顺利地阅读所学专业的英语文献和资料。

（二）大学英语阅读教学的原则

不同的教师、不同的教学条件和环境、不同的学生、不同的教学目的以及其他与英语教学相关的方方面面的不同，反映在阅读教学上，就必然演化出各种各样的阅读教学活动，这就是英语阅读教学的实践。为了达到阅读教学的目的，保证阅读教学的有效开展，要遵循六个原则。

1.真实性原则

交际教学法的基本原则在于强调语言的交际性，而交际性首先来自语言的真实性。因此，在阅读教学中要特别注意真实性。阅读教学的真实性包括三层含义：一是阅读材料的真实性。阅读材料的选择要考虑学生在日常生活中的交际需要，从现实生活中选择问题多样、适合学生的语言水平、学生喜闻乐见的阅读材料。二是阅读目的的真实性。真正的交际过程中，阅读活动总是有一定目的的。人们阅读可能是为了获取信息或者验证自己已有的知识，可能是为了批评作者的思想或者写作的风格，也可能单纯为了消遣或者打发时间。阅读目的不同，需要的阅读方法也就不同。阅读教学也要根据交际的需要，确定教学的具体目标。不同的文章可以专门用来训练学生的某一项或者几项阅读技能，也可以用来训练学生的综合阅读能力。在具体的阅读教学中，阅读的目的还体现在练习的设计上，要通过阅读练习帮助学生实现阅读目的。三是阅读方法的真实性。学生要根据自己的阅读目的、文章的体裁类型等选择适当的阅读方式。重语言、轻理解，把阅读教学的大部分精力放在语言知识的讲解上，就违反了阅读的一般规律，是阅读教学失败的一个重要原因。一定要明确贯彻阅读课堂教学的目的是"先理解，后语言点"，让学生真正参与阅读实践，亲身体验阅读过程。不然，教师剥夺了学生亲自阅读理解、分析判断、推理对比、评价总结的机会，就很难快速培养其阅读能力。

2. 层层设问原则

课堂提问是教学活动的有机组成部分，教师根据一定的教学目的，针对相关的教学材料，设置一系列问题情境，要求学生思考回答，以促进学生积极思维，提高教学质量。层层设问原则主要是指教师在阅读教学中提出的问题应该具有层次性，一环扣一环，逐步揭示文章的主题。

通过教师层层引导，学生认真思考，在解决问题的过程中，掌握所学知识，逐步理解文章内容，并提高自己的分析理解能力。

3. 积极性原则

阅读不是一项被动的活动，而是一种高度积极主动的创造性行为，是读者根据自己已有的信息、知识和经验对语篇进行筛选、分类和解释的过程，是读者通过语篇与作者相互作用的交际行为。读者的心理状态对阅读具有重要的影响。决定阅读心理状态的具体因素包括阅读目的、兴趣、必要性、积极性等，可以概括地用"强制性"的强度来表示，强制性大的阅读往往目的不明确或缺乏兴趣、积极性差，属于被动阅读；强制性小的阅读则往往出于兴趣，是自发性的主动阅读。在实践中，前一种阅读比后一种阅读更难进行，或者说难度更大。比如，同样的阅读材料在学生平时的学习中不算很难，但放在考试中就可能要难得多。提高学生阅读的积极性要从以下几个方面入手：一是选择学生感兴趣的、难度适中的文章；二是开展生动有趣的课堂活动；三是及时发现学生的进步，多表扬、多鼓励。

4. 循序渐进原则

阅读教学目标的完成不会一蹴而就，它是一个循序渐进的过程，需要一个合理的总体设计和长远规划。教师应该在材料选择、任务确定、阅读方法及阅读教学的反馈等诸方面做出全面细致的考虑，并鼓励学生寻找适合自己的阅读方法，积极引导学生采用适合自己的阅读方法去完成既定的阅读任务。

5. 因材施教原则

由于学生之间存在着个性差异，因而学生学习阅读的进程就有所不同。因此，教师应注意满足不同水平学生的特殊需要，力争使每个学生都能相应的发展阅读技能。比如，有的学生阅读成绩不佳而有自暴自弃的情绪，对于这类学生，教师可以先给他们简单的阅读材料，逐步增加难度，让他们看到自己的点滴进步，经常表扬、鼓励他们，帮助他们增强取得进步的信心。而有的学生基础好，学习兴趣浓厚，课堂上的阅读常常满足不了他们的阅读欲望，针对这类学生，教师应向他们介绍和推荐一些适合他们的读物，布置一些富有挑战性的阅读任务，以满足其阅读欲望。总之，教师应根据每个学生的特点认真分析，并将其分类，在教学中有意识地对其提出不同要求，采取不同方法，从而做到因材施教。

6. 速度调节原则

阅读速度不一定等于理解能力。有的人阅读速度快，但是理解能力差；而有的人阅读速度慢，理解能力也差。针对这些学生，应加强一般阅读技能的训练和语言的基础知识，而不宜加快阅读速度。教师应根据教学的进程设置不同的阅读速度，在阅读教学进行之初，可以放缓阅读速度，注重的是对材料进行有效的理解。慢速度阅读有时也是一种需要，如对于诗歌、散文、小说等应该细细地品读，深入地分析领会，认真思考、品味、评价和欣赏。

但随着词汇量的扩大，语义、句法知识的增加，语感的增强和阅读技能的提高，阅读速度亦随之增强。这个阶段就应该进行相应的限时训练，加强训练的强度，进而完成阅读教学的目标。可以说，速度调节原则就是要求教师在阅读教学过程中做到张弛有度，根据不同阶段的教学目标做相应的调整。

第二节　英语阅读教学中的任务型教学法的应用

一、任务型教学模式在英语阅读教学中的实施步骤

在实验中通过教学设计使学生听、说、读、写、译能力的训练与培养有效贯穿于以下三个阶段：

（一）任务前阶段

激发学生的阅读兴趣应为本阶段设计的首要原则。教师应适当讲一些与本课有关的背景知识，如语法结构、文章主旨及课文的相关资料。在阅读过程中，太多的语言障碍往往会影响学生对文章的理解，甚至对阅读失去兴趣。因此，教师可以先解释一些较难的句子和词语，但不应该对全部的生词、难句进行解释，应培养学生通过一些阅读技巧来猜测词义。另外，教师应使学生明确阅读目的，提高阅读效率。换言之，在英语教学中，要做好学生阅读前的准备，可以通过猜测的方法导入英语教学。如果总是让学生对课文的单词进行预习并且重复阅读，不仅乏味而且耗时，可以把新单词写在黑板上面，让学生进行阅读并给出自我理解，最后教师进行正确解释，或者可以制作纸条写上英文单词或者中文解释，让拿到纸条的学生找出正确的对应项；也可以通过图片让学生猜测文章的内容，让学生对接下来的阅读有一个大致了解，也可以提高学生的学习兴趣和注意力；利用文章标题让学生对文章内容和背景知识进行猜测也可以提高教学的生动性；教师也可以在教学前针对所学内容设计一些问题，这些问题要与学生的亲身经历密切相关，这样一来学生会感觉学习的内容是与自己有关的，而不仅仅是学习任务，这样就让学生有话题可以聊，在进行思考的同时主动去学习。简而言之，任务前阶段的工作主要是布置任务。教师根据不同的课文设计出形式多样的任务，提出完成任务的方式及所要达到的目标。在这一阶段，教师可完成以下教学任务：一是创设任务情景。教师可以以谈话、游戏、故事、音乐等方式设置悬念，充分激发学生的学习兴趣。二是介绍阅读材料的背景知识。背景知识又称非直观信息，它储存于学生的长时记忆中，是影响学生阅读分析和理解的一个重要因素。适当介绍背景知识，可以帮助学生扫除障碍，对将要阅读的材料内容做出一定的预测。三是扫除语言障碍。语言障碍包括生词的语音、语法、词汇和句子等。教师可对部分障碍做出解释，但是要控制好生词释义的量。有些生词的词义可让学生通过上下文进行猜测。

首先利用多媒体设备给学生展示一些文化遗址的图片，如世界八大奇迹让学生形象、直观地感受世界文化遗址，然后引出主题。

围绕话题：让学生课前分成四组，各自确定要描述的一个中国的文化遗址，利用各种渠道（利用网上查资料、到图书馆查阅资料、向高年级的同学请教等）寻找相关的资料并组织成文；而教师也要准备一个文化遗址内容，课上让学生上来演示并且与教师自己准备的进行比较，突破以往教师只拿学生的作品比较的成规。这样做容易激发学生的学习欲望和兴趣。而阅读课各种各样的问题的设置有助于学生更好地了解所学的内容，也能更多地锻炼学生的动手能力。

（二）任务阶段

这一阶段的任务在于提高学生的阅读技巧，教师不仅要帮助学生对文章的整体框架和大意进行初步的了解，而且还应该让学生了解作者的写作目的。教师可以设计几个小的任务链，让学生运用通过步骤去独立完成任务：快速浏览全文：让学生快速浏览文章，了解文章基本结构及大意，找出中心词及中心句，抓住作者写作意图。跳读：教师可根据文章的具体信息提前设计相关问题以引导学生有目的、有重点地快速浏览文章，使其能快速地回答目标问题。细读全文：教师应引导学生带着目的仔细阅读文章，去获取全文及每段中的一些细节，了解每段大意及段落之间的相互关系。

阅读的中心环节就是阅读过程，阅读过程在很大程度上影响着学生的阅读质量。英语阅读不是念经书，不能敷衍了事，对一些英语能力不足或者兴趣不高的同学而言，这或许就是折磨。所以，可以尝试快速阅读，通过把握一些中心句子了解文章内容和主旨，这样不仅快速而且实用。

在这一阶段，教师根据阅读课文所提供的素材来设计任务。如叙事类课文，学生可通过小组合作把故事改编成短剧，然后进行表演；论述性课文可让学生总结出作者的观点，讨论其合理性并与自己的观点相对比，然后根据所持的不同观点进行辩论；描写类课文可让学生以小组为单位，一起合作把景物画出来，然后每组派一个成员结合图画把课文复述出来。在实施任务的过程中，教师的主要作用是监控学生的任务执行情况，如监控是否每个学生都有发言的机会，学生的发音是否正确、用词是否得体等，并把出现的问题记录下来。

（三）任务后阶段

在下课前，教师应该用简短的话语对课堂教学做一个总结，或者引导学生总结课上所学到的内容。同时，教师可以布置相关作业，如让学生改写课文、缩写、采访、报道，做相关的完形填空或阅读理解等练习。另外，教师可以让学生完成一些交际任务，引导学生通过讨论表达个人的观点。学生完成任务后，教师应对其做出评价，发现问题或提出相应建议，评价要具有激励性。

阅读完成后也是需要重视的，它是对课堂学习的延伸。在对文章理解后能拓展思维，使学生的学习从维持性学习向自由创新性学习改变，从接受性学习向研究性学习过渡。在阅读结束后，教师可以根据文章内容，结合实际安排任务活动，也可以引导学生进行思维扩散。在这一环节，教师不能仅局限于本单元内容的学习，而应把前几单元或者以往学习的相似知识联系起来，找到其中的规律，这样学生对于所学内容就更加清晰明了，对于日后课本的复习也会更加清晰深刻。

二、任务型教学途径下阅读案例设计的分析与反思

（一）任务型教学的任务设计，是否贴近学生生活，激发学生兴趣

在英语课堂教学过程中，教师不仅应要求学生掌握新的语言知识，更应注重新的语言技能的形成和扩展过程。因此，设计贴近学生生活实际的交际情景更加重要。教师应通过任务的设计，使学生置身于贴近自己生活的语言环境中，产生亲切感，积极主动地参与活动。例如，大学英语第一册第四单元"Wild Animals"课堂教学设计的活动从学习内容选择、热身游戏、听读讨论到拓展练习均贴近学生生活实际，体现现实生活。

（二）依据学习差异，是否结合学生实际，优化任务问题设计

阅读学习对学生而言具有一定差异性。也就是说，在英语课程教学中，从学生的阅读理解基础出发，注重学生的语言学习认知思维能力的培养，一定能够满足学生的阅读学习发展需要。在教学中，从学生的学习差异出发，优化任务设计更能够提高课程教学的有效性。

在教学中，教师应该依据学生的学习差异来优化任务教学，一方面能够达到因材施教的效果，让学生的学习需求得到满足；另一方面能够帮助学生加深对语言文本的理解感悟，提高他们的综合语言运用能力。笔者认为，首先，要注重学生自主阅读方法的培养，鼓励学生运用自己最喜欢的阅读方式对文章的内容进行整体阅读和理解感知。其次，应允许学生有自主阅读和思考探究方法的选择，让学生在多元化的学习方法选择中加深对多语言文本的理解感悟。最后，应尊重学生的阅读学习成果，让学生在阅读学习的过程中不断积累丰富的语言文化知识，提高综合语言运用能力。

（三）任务型教学的任务设计，是否以学生为主体，是否关注学生能力的全面发展

首先，教学活动应满足不同类型学生差异发展的需求。最佳的教学效果需要主体参与过程与活动过程同步，以保证每个学生在教学中的最优发展。设计从整体角度来看，学生有问答、听读、独立思考、填表、小组讨论和朗读等活动。个人发言的学生近 30 人次，由于问题深度不一样，所以各个层次的学生都有发言机会。其次，语言技能是通过语言学习和语言实践培养起来的，两者构成了一个互为支撑、互为发展的有机整体。基于整个教学过程的设计，力求让学生能"在做中学"，以便在完成任务的过程中使听、说、读、写四种语言技能得到协调、全面发展。

（四）注重多样探究，是否结合学生特点，优化任务阅读过程

在教学中，鼓励学生运用多样化的形式进行阅读学习和主动探究，能够有效地优化学生的阅读学习思考探究过程。笔者认为，多样化的学习形式不仅能够帮助学生加深对语言文本的理解感悟，而且能够提高学生的语言运用技能，满足他们的学习发展需要。

在阅读教学中，注重多样探究，应该尊重学生的学习主观能动性，让学生的学习思维和方法得到更为有效的体现。在教学中，教师应鼓励学生在自主阅读的基础上进行大胆质疑，进而发挥好协作学习的作用，运用好合作探究的形式来帮助学生积累语言文化知识，以此来提高学生的跨文化交际意识和能力。教师可要求学生在自主阅读和掌握大意的前提下，与同桌进行讨论、小组学习探究，以培养他们正确的阅读学习思维和语言感知能力。

第三节 英语阅读教学中的情景教学法的应用

一、情景教学法在英语阅读教学中的作用

（一）运用情景教学法可以给学生创造良好的课堂氛围

教师根据教学内容与教学目的，有意识地创设出一种色彩鲜活的情景，不仅可以调动学生学习的积极性，激发学生的学习热情，还可以通过问题的分析与解决，有效培养学生的思维能力。在英语阅读教学中，教师运用情景教学法，为学生创造与学生日常生活息息相关的情景，可以有效避免英语阅读课堂的枯燥性，使学生身处活跃的英语语言交流情景中，创造轻松愉悦的课堂氛围，学生在身临其境般的感觉中，不自觉地参与到课堂教学活动中，激发学生学习英语的兴趣，从而提高教学质量。对英语这门语言性学科来说，学生不仅需要掌握必要的语言基础知识，还要有很强的实际运用能力，即英语交际能力。我们创设情景，有助于学生更好地理解英语，学好英语。无论是哪一种情境，都能带给学生有力的冲击，从而有效地激发学生的求知欲望，提高学生的积极性。

相关实验表明，教师教学中要想取得良好的教学效果，就必须让学生在一定的外语环境中使用外语进行模仿训练，这能够大大地提高学生的语言感知力。这就要求教师在课堂上能够提供给学生一些简单的句子以及一定的语境，为此，教师必须在例句的选择上下功夫，要选择那些具有代表性、精练的句子进行铺设。在英语学习中，我们常常会遇到一些一词多义的单词，这在一定程度上增加了英语的魅力，但同时也给英语的学习带来了困难，这就

要求教师在教学中结合语境来理解相同词汇不同情况下的含义，进而加深学生对英语学习的理解以及掌握。教师可以以文本内容为情景创设蓝本，鼓励学生尝试并探索如何用多种语言进行交流，这既有利于帮助学生感受英语的语言魅力，也有利于培养学生的语感，让学生更好、更深入地学习英语。

（二）弥补英语阅读教学的短板

情景教学法指教师在授课的过程中，以某种情景作为学生的学习背景或环境，引导学生在这种环境下完成学习目标的过程。目前，英语阅读教学仍主要以阅读理解题目的完成和英语文章的语篇理解为主，大多数教师在教学过程中都重视语词教学，忽视了英语本身的文化价值，反而不利于学生对全篇内容的理解，这已经成为英语阅读中的短板。而情景教学法强调学习环境的营造，其中就包括语言文化环境的创设，因此说情景教学法能够弥补英语阅读教学的短板，是值得英语教师尝试和实践的。

（三）注重学生能力的培养

随着我国素质教育的深入开展，对于学生的要求不仅是掌握基础知识，更多的是提高学生的实际能力。随之，我们的课堂教学也由重知识传授向重能力培养进行转化，在课堂的教学中，注重以学生为主体，倡导学生主动参与学习，也应由以教师为主体的课堂教学向以学生为主体的学习方法传授转变，勤于动手，乐于探究，开动学生的脑筋，启发学生的思维，有助于培养学生分析问题和解决问题的能力。

英语是一种语言工具，它具备最基本的语言交流功能。英语教学的目的不是为了应付考试，而是要提高学生的英语运用能力，让学生学会运用英语去进行日常的交流。所以，教师要指导学生把所学到的英语知识运用到实际生活中去，真正实现学以致用。教师可以通过创设各种各样的生活情境来引导学生学习。从学生的日常生活入手，将那些看似"无用"的英语知识变成"有用"的交流工具，让学生真正认识英语、学好英语。

（四）提高英语教学的有效性

随着英语教学不断深化，阅读教学虽然取得了一定的进步，但始终是英语教学中的难点，这是因为学生的阅读水平提升需要长期的英语单词、语法等知识的积累和不断的练习。从英语教学的整体来看，阅读教学的有效性是比较难提升的，即教师和学生要花费很长的时间，才能获得较小的教学成果。情境本身对学生的学习兴趣、学习态度有影响，并且也影响教学内容的表现形式，这意味着在阅读教学过程中，教师和学生只需花费较少的精力，就能够维持较高的学习热情，并且使教学内容的展示效率更高，这有助于提高教学有效性，使阅读教学发展更快。

在进行情景教学时，还要注意学生阅读能力和理解能力的切实提升。不能使情景教学仅仅在表面上呈现一片繁荣景象。在实践中我们发现，有的英语阅读课堂尽管也在实行情景教学法，但是空有情景教学法的外壳，往往教师和学生打成一片，可整节课下来，学生除了了解一些简单的英语内容之外没有学到任何有用的知识，更谈不上能力的提高。最主要的原因就是教师没有合理地设置问题，没有通过问题来驱动教学进程。那么，在情景教学中，教师应当结合教学任务和教学目标，设置符合所创设的情景的问题，利用这些问题进行教学牵引，既有基础知识的掌握，又有基本能力的提升。利用问题教学进行驱动，不仅可以完善情景教学，而且可以使课堂效率的提高落到实处。情景教学法内涵十分丰富，通过简单情景的创设，根据"最近发展区"

原理，利用问题驱动，推动学生的阅读能力逐步提高。换言之，情景教学尊重学生的个性思维，鼓励学生创新，提出自己的见解，积极开动脑筋，不断地提高学生的创新能力。比如说，我们通过创设一个问题情境，让学生产生疑问，从而主动开动脑筋，围绕问题来进行探究。这样学生才能真正有所发展、有所创新，提出独到的见解。在提出问题后，要给学生留有一定的思考时间和空间，让学生在这个有限的时间和空间内不断地探索研究，发现和找寻问题的答案。

二、情景模式在大学英语阅读教学中的实践探索

要在英语课堂教学中有效地实施情景模式，把学生的被动学习变为主动学习，必须在教学的各个不同阶段，针对不同的教学对象，采用不同的教学方法，才能收到预期的效果。根据情景模式的教学原则，"让学生在情景模拟中进行英语实践，学生通过亲自参加多样化的情景模拟实践，学会和提高语言的交际能力"。然而究竟采用何种方法让学生参加情景模拟活动，这就需要教师灵活掌握了。

（一）课前5分钟演讲情景创设

组织课前5分钟演讲的教师不应该采取统一的模式，要针对不同层次的学生，采用不同的方式。针对大一新生，可安排学习成绩好的、发音准确的学生，让他们在课前准备好，模拟内容可自选，如天气预报、新闻摘要、学习生活、祖国家乡等。由于材料内容熟悉，加之可以自己动手设计演讲情景，这样可消除学生上讲台时的紧张心理。对于学习成绩较差的学生，教师需要在课下进行个别辅导，先听一遍，纠正不正确的发音，并鼓励学生要充满信心。在模拟演讲时，还可事先把部分生词写在黑板上，这样不仅可以提示演讲者，

而且还可以帮助全班同学理解演讲的内容。演讲结束后，可由演讲者就所听的内容向同学们提出问题，或反过来由同学们向演讲者提出问题，也可以由教师对演讲者所讲的内容进行点评。逐渐的，学生的紧张心理消除了，会话能力也就越来越强了。

语言的学习来源于生活，而学习结果也必然应用在生活中，但是英语阅读教学缺乏相应的生活语言环境，所以教师需要为学生创设这种环境，使英语阅读学习成为日常生活的一部分，只有这样，学生的自主阅读才能够充分开展起来。英语教师本身可以成为生活环境的代言人，平时路遇学生，使用英语打招呼和交流；在阅读课开始前，用英语讲述今日发生的小故事；在教室内张贴英语名言；在黑板报上写下英语短故事等。这些生活环境创设方法都能为英语阅读教学提供真实有效的情境，使学生的学习情绪始终处于英语语言的环境中，久而久之，英语阅读成为生活中的一种习惯，学生的自学主动性也会因此提升。换而言之，教学来源于生活而高于生活。学生有着自己的经历、情感和思想，并且在教学活动中，学生或多或少地将自己的这一生活体验带入课堂教学活动中。因此，教师在进行情境创设时，要立足生活，创设生活情境。在学生现有的知识储备和生活经验的基础上，创设一个适宜的生活情境，进而来引导学生在原有知识层面上增长新的知识和生活经验。在英语阅读教学中，教师要将英语阅读的内容与现实生活合理地结合，让学生借助已有的生活经验来探索未知领域，激发学生的学习兴趣，有效地拓展英语阅读的教学和学习渠道，培养学生的想象力、创造力和思维能力，有利于教学效率和学习效果的同时提升。换言之，鲜活的情境作为情景教学的核心，要求教师应用情景教学法。进行英语阅读教学时必须为学生创造良好的教学环境，营造良好的学习氛围，避免英语阅读学习的枯燥性，调动学生英语阅读学习的积极性、主动性，从而提高学生的学习效率，提高教师的教学质量，从而完成教学目标。

（二）课文情景模拟再现

在反复阅读并理解课文后，教师可将学生分成小组。根据课文内容的难易程度，让学生进行课文情景模拟再现，模仿课文内容结合实际，用自己的语言表达。这不仅可以锻炼学生的文字组织能力和对文章的理解力，而且还可以锻炼学生的表达能力。

情景教学法应用于英语课堂的另一种模式是为课堂营造一种愉快、轻松的学习气氛，使阅读不再是英语教学中的难点，而是学习过程中的乐趣所在。一旦学生接受并且愿意在这种气氛中进行学习，学生的学习心理就会产生根本性的转变，他们在阅读学习中能够花费比较少的精力，取得较大的收获。能够为英语阅读教学营造轻松氛围的方法是游戏教学方法。教师在课堂上可以让学生进行英语接龙游戏、英语话剧表演等，通过这种有趣的小活动，激发学生学习的积极性和热情，在课堂上，积极踊跃地参与到教师安排的课堂活动中，主动地展示自我，给自己创造展示的机会，既能锻炼英语口语能力，又能提升自我素质，培养自信心。笔者在教学中经常应用的一个小游戏是"词块接龙"，请一名同学在阅读理解文章中找到一个陌生的单词，说出它的解释和包含的词块，同排的第二个同学找出另一个单词，使其务必与上一个单词包含同样的词块，哪一排的学生能够找出同样词块的单词最多为胜出。这个游戏不仅能够使学生迅速理解阅读内容中的陌生词汇，还能够让学生始终保持对阅读学习的兴趣，并且也获得了一种新的处理阅读理解中陌生词汇的方法。

在英语练习题中，很多题目源自我们的生活，为避免英语阅读的枯燥，教师可以充分利用英语练习题贴近实际的特点，提前规划设计，模拟英语阅读练习题中展现出来的情境，让学生结组进行表演，通过表演，将其演绎出来。在表演的过程中，学生作为课堂的主体，会积极参与到英语学习中。教师在演绎过程中引导、帮助学生，起到一个辅助的作用。通过这种方式，学生不仅有了英语阅读学习的积极性、主动性，还增加了课堂的趣味性，增加了师生之间的交流，让学生一边玩一边学。相比传统的教学方式，情景教学法可以明显地提高学生学习质量，改善课堂效果。

（三）户外情景模式

我们在进行英语教学的过程中，也可以尝试着走出课堂并且放下教材，去体验一下户外生活，利用自然环境的刺激让学生感受和体会，运用所学的英语知识在无意识的情况下进行真实情景模拟。例如，我们可以带学生走出教学楼去校园里，根据校园里随机发生的事情，利用户外的景物和工具，要求学生进行英文模拟，这样模拟的英语知识由抽象变形象。笔者使用此办法在上个学期做了尝试，结果平时不注意听课的同学注意力变得集中了，不听课的同学也开始对模拟内容产生了兴趣。

（四）组织竞赛活动

为了使英语教学真正成为师生间、同学间的语言双边活动，让全班同学都能得到并且拥有情景模拟的机会，笔者将全班同学分成若干小组，每个小组由5~8人组成，各个小组可根据每组成员的学习情况和男女生人数划分。教师可在上课前将模拟的阅读内容分别写在事先准备好的小纸条上，然后让各组代表抽签，再给3~5分钟或更长的讨论时间。讨论结束后，各组选派代表到讲台前按纸条上的内容进行模拟。这种模拟在小组内就必须轮流进行，使每个学生都有实践的机会。这种分组讨论的方式可促进学生之间的互相帮助、取长补短，还可以为口语好的学生提供施展才华的天地，为口语差的学生提供锻炼的机会。对于答得好的组，教师可在黑白板上画一张笑脸；对于答得差的组，教师可画一张苦脸。这种方法可使课堂上出现组与组之间的竞赛活动。这不仅可以锻炼学生的口语，而且还可以增强学生的集体荣誉感。这种分组讨论并派代表演讲的方式可在大二学生中进行。

（五）利用诗歌，导入情景，启发思维

在大学英语授课过程中，难免会遇到一些不愿主动思考或思维堵塞的学生。对于这类学生，单纯地提问讨论只会令其反感或者使课堂冷场，最终影响教学效果。情景教学能否收到良好效果，教师如何去引导学生参与课堂活动并积极思考是关键。因此，在面对这类学生时，笔者在提问前，经常会利用多媒体给学生分享关于阅读文本主题的英文诗歌。学生在朗读后，自然地被诗人的描述带到特定的情景中，再结合自身的社会经验进行思维和语言组织，即可圆满地回答出教师的问题。通过诗歌欣赏，学生被成功带入文章情景，同时也启发了思维，增强了文学鉴赏的美感。

（六）利用游戏情景，回顾阅读内容

针对大学英语的阅读教学，仅采用一般的单词游戏明显不够，笔者认为，在进行课文内容结构分析时可适当引入抢答环节，要求学生根据教师的提问，回答与阅读内容相关的一系列问题。这一游戏不仅能使学生巩固所学内容，而且可以作为一种教学检测手段，方便教师及时了解和评估学生阅读内容的掌握情况。

（七）利用分组讨论情景，发挥学生主体作用

分组有两种形式：一种为分大组，另一种为分小组（一般 4~5 人）。大组主要用于分角色朗读或者大型游戏；小组主要适用于讨论或解决问题类教学环节。规定小组讨论和发言时只能用英语，这样能有效帮助学生在一定压力下操练英语口语并在学习过程中创设英语语言环境。大学英语阅读课文相对较长，在将学生分成 4~5 人一组的前提下，教师可给每个小组分配课文中任意一自然段作为分析任务，要求学生通过小组讨论，解析段落重点、难点句子，总结各段大意等。

三、情景模拟在大学英语阅读教学中的实践重点

（一）情景模拟要求必须明确

教师在组织情景模拟活动时，首先要保证每个学生都清楚教师要做什么。为此教师的要求必须讲得很明白，不要说得太快。必要时可重复几遍，并提问那些学习（听力）差的学生，看他们是否明白教师让他们做什么。某些难听懂的句子也可以把它们翻译成汉语。

当学生知道教师下一步要做什么时，他们会十分高兴地做准备，并且能够积极配合授课教师。

（二）情景模拟语言必须简单、易懂

教师在情景模拟前后使用的语言要切合学生的实际水平。当发现有些学生没听懂时，教师可以用另外一种方式来提问，直到所有学生听懂了为止。学生听懂了，就有信心回答你的问题。这样学生对学习和应用英语进行情景模拟就充满了信心。

（三）情景模拟过程中以鼓励为主

在情景模拟教法实施中，笔者感到那些学习差的学生有自卑、胆怯心理。如果这些学生不能在模拟的情景中顺利表达自己的意思，教师应给他们一些提示、启发和引导，并在他们表述时仔细听，只要他们说出一个完整的句子，教师就应该把这句话重复一遍，并表扬他们"Well done"，从而调动他们的主观能动性。

在我国的大学英语课堂教学中实施情景模式不仅是可行的，而且是非常有效的，它不仅能培养学生在仿真的实践中运用语言的能力，而且也可以提高学生在应试中处理有关阅读题目的能力。

第四节　英语阅读教学中的支架教学法的应用

一、支架式教学在阅读课教学中实施的步骤

（一）目标支架

教师应通过分析学习需求、分析学习者、分析学习内容帮助学习者确定学习目标，并以此为依据为学习者搭建支架，即教师应在每个单元、每节课的教学之前，准确地帮助不同学习程度的学习者定位学习目标以及教学的重点、难点，能够在教学中通过搭建学习"支架"的方式分解重点、难点，帮助学习者在有限的时间内理解知识、内化知识直至运用知识。

教学好比旅游，在出发的时候就应该知道目的地是哪里，这样才有前进的方向、努力的目标。教师作为有丰富的学科专业知识和教育理论的长者，能较全面地、恰当地为学生指明前进的方向。要使学生真正成为学习的主人，

掌握学习的主动权，就必须让他们知道这堂课的教学目标。所以在阅读课的开始，教师应该精心设计课堂提问，使课堂节奏有张有弛，教学有输入有输出，才能大大地激发学生的阅读热情，培养学生独立思考的兴趣和习惯。提问要注意问题的有效性，换句话说就是提出的问题要有教学价值，并适当控制难度，巧设坡度，以激活学生思维、提高教学质量为根本目的。当然，教师所预设的目标并非一成不变、不可更改，随着教学过程的开展，学生可能会提出新的问题、疑惑或要求、建议，教师也可能会尝试新的想法。所以，目标支架应是一个动态的"支架"，教师对目标支架的适时调整会使目标支架趋于完善，从而为学生提供更好的辅助架梯。

（二）文化支架的搭建

文化支架的搭建目的是使学生掌握阅读文章的文化背景和相关人文环境。在英语阅读教学中，课文基本是以英、美国家的风土人情、风俗习惯和地理人文为基础展开的，如果学生不了解这些相关的背景和文化知识，那么在母语环境的影响下将很难掌握其内容或者会产生偏差。因此，需要教师利用身边的各种渠道来给学生构建一个文化支架，如讲授中国文化的相关课程时，笔者先将中国齐白石、徐悲鸿等艺术大师的事迹简述给学生，然后将毕加索的国籍、生活环境和人物性格简述给学生，让学生对课文中所提到的知识文化环境有一个大致了解，然后让学生开始阅读，学生能够很快地融入文章中去，然后答对了针对立体主义的单选题，但对于文中关于立体主义的描述、语法、词汇及话题，学生在理解上还是有困难，所以笔者第二次进行了解释和举例，学生很快就能对题目进行解答了。

总而言之，文化支架的构建主要是指在阅读中掌握文章强调的背景中的文化，一般的英语阅读教学中多以英语国家本土文化为依据，不了解其文化背景，就会阻碍学生理解文章的内容和大意。教师要利用多种形式构建文化支架，如电影、电视剧、报刊、网络等。学生需要阐述各个地区的文化历史背景的支架，这样他们能更容易地掌握文中强调的信息和内容。支架式教学模式的应用主要是为了解决传统阅读教学中存在的弊病，在我们的实际教学中应该正确地认识到支架式教学的基本内涵和意义，在此基础上构建情境设立的支架、主题支架、文化支架，以此达到新的英语阅读教学模式的基本要求，提升英语教学的水平和学生的英语成绩。

（三）动机与情感支架

阅读篇章并不都是贴近学生生活的，尤其在广大偏远地区，由于各方面条件的限制，学习者对文章中的情境也许闻所未闻。因此，教师应选择与阅读文章话题相关的情境、设置让学习者能够接受的情境，最终让学习者能够理解、学会并迁移到新的情境中。换言之，情景支架主要是在课堂教学过程中进行的，教师应该在课程中结合阅读文章的内容设定某些情景，促使学生快速融入文章所述的环境中，以此提升学生对文章的阅读速度和理解能力。在文化课中，笔者先给学生展示画作，意在让学生比较中外大师的画作，进而体会其中的艺术性，给其塑造一个艺术性的环境氛围，然后对美术课题的知识进行掌握。于是，笔者将中国大师齐白石、徐悲鸿等的著作和国外毕加索的画作逐一展现给学生，在此过程中想让学生对画作的风格有一个初步判断，然后带着这些相关知识进入课文的阅读中。

建构主义学习理论认为，学习者主动、积极的学习态度是产生学习的前提。所以，激发学习热情、调动学习动机就是教师为学生搭建的第二个支架。动机对学习的促进作用是许多心理学家的共识，积极的情感也是学习中的一个重要促进因素，而且培养积极健康的情感本身也是学校教育的基本目标之一。在阅读教学中，教师一定要注意培养学生的学习主动性，激发学生的情感，只有这样才会有良性循环。所以，教师在阅读教学导入过程中应尽量激发学生的阅读兴趣，尽量让学生把他们的主观能动性发挥出来。我们可以借助文章的标题、插图等，通过提问或讨论介绍阅读文章的主题，鼓励学生预测所要阅读的内容，明确阅读任务，讲解必要词汇。还可以就阅读材料向学生提出有关问题让学生思考，引发其阅读兴趣，并鼓励学生去图书馆查阅资料或上网搜索，让学生在这类活动中体验合作学习，充分调动他们学习的主动性和积极性。

为了激发学生的情感，教师首先要投入情感——对学生的情感、对学科知识的情感、对教育活动的情感，教师情感的投入在学生周围形成一个强大的情感场域。其次，增加教育的审美情趣。美是一种最原始的力量，也是一种最无穷的力量，美对情感、性情、人格的感召力是巨大的。如在大学英语 Unit 3 Reading "Cultural Differences"（period 1）这一课最后的讨论阶段教师提出了这样的问题：What is the right attitudes towards cultural diferences？通过讨论，学生给出了 respect、APPreciate、understand，从而得出了"入乡随俗"（When in Rome, do as the Romans do.）这样的结论。

（四）认知结构支架

认知结构支架是指在教师的引导下，学习者通过独立思考，发现问题、分析问题、解决问题，特别是要探索出解决相关问题的方法，以此内化知识、促进学习。教师要让学生通过思考、调查、讨论、交流和合作等方式，学习和使用英语，完成学习任务。协作学习是一种重要的学习方式，体现出学生是学习的主体。在协作学习的过程中，学习者发挥各自特长，取长补短，能够解决相当多的问题。通过思考、交流解决的问题也可以让学习者印象深刻，学有所得。

关于学生认知结构的重要性，美国当代著名心理学家奥苏伯尔说："假如让我把全部教育心理学仅仅归结为一条原理的话，那么我将一言以蔽之：影响学习的唯一最重要的因素，就是学习者已经知道了什么。"建构主义学习理论非常强调学习者原有的认知结构的作用。有时学生头脑中储存了一些知识，可是不知道在什么场合该提取什么，当需要某一知识时也不知道到哪里去提取，这种学生独立解决问题时的实际水平和教师指导下解决问题时的潜在发展水平之间的差距称为"最近发展区"。这都是因为学生的知识没有形成有效的结构，所以帮助学生构建、巩固认知结构，为学生新的学习提供清晰的观念固着点是非常重要的。如在大学英语 Unit 3 Reading "Cultural Differences"（Period 1）这一课，所有的话题讨论后教师再给出表格对这节课进行总结，让学生对这节课有一个总结性的认识，从而帮助学生提高学习能力。

（五）评价支架

评价也是英语教学中一个重要部分。英语教学需要建立能激发学生学习兴趣和自主学习能力发展的评价体系。该评价体系由形成性评价和终结性评价构成。因此，效果评价应至少包括教师评价、师生评价和学习者互评等，这样才有利于培养和激发学生学习的积极性和自信心。也就是说，教师应当建立支架式教学模式教学评价考评表，这里将评价形式分成两部分——过程性评价和阶段性评价。过程性评价包括学生自评、互评以及对教师的评价，阶段性评价包括单元检测和期中期末考试。通过课堂评价，教师可以判断学生对某个知识点的理解和掌握程度以及对教学目标的完成程度，从而及时发现教学设计中存在的问题。教师要针对典型问题对学生的课堂评价做出反馈和评价，让学生得到及时的反馈。同时，阶段性评价可以帮助学生查缺补漏，定期检查并督促学生认真对待学习中出现的问题。师生共同参与的评价系统将有利于保障支架式教学的顺利开展。

（六）认知策略支架

当代教育心理学提出了认知策略这一概念，指人对大脑内部的有意识地调控。由于有效的认知策略是很难自发生成的，需要从外部输入，所以在建构主义的课堂中，教师对学生的帮助也体现在对认知策略的指导上。认知策略中有一个很重要的成分——反省能力，其影响到学生对整个认知策略的应用，所以对认知策略的指导应注意提高学生的反省能力。因此，阅读后的活动可以要求学生口头或书面表达阅读体会，或就某一话题联系实际进行小组讨论。在这个用英语积极思维的过程中学生发展了英语思维的能力和对文章的谋篇布局能力，这些能力不但有利于提高阅读速度，培养良好的阅读习惯，而且有利于学生抓住文章要领，培养了解文章组织结构的能力及对篇章的推理能力。我们很多时候让学生通过增加阅读量来提高他们的阅读水平，但如果在阅读中只注意追求篇幅数量，泛泛而读之后并不能记录下什么，更不用说再花时间巩固消化相关的读后收获的内容，时间一长，大脑一片空白，即使遇到本已读过的内容也只是似曾相识或形同陌路。所以，在读后的活动中应该特别强调写作的作用——或创造，或改写，或复述，只有这样，才能提高学生的反省能力。

二、支架式教学在英语阅读中的启示

（一）注重内容设计选用，营造以学生为主的课堂

支架式教学模式中"支架"的使用为学生提供了符合其认知层次的支持、引导和协助，帮助学习者由需要协助逐渐过渡到能够独立完成某一任务，进而使其由低阶的能力水平发展到高阶的能力水平。学生在一定程度上获得了成功，这将有助于他们提高学习英语的积极性，使他们对英语学习保持浓厚的兴趣。要更好地实现英语支架式语法教学，帮助广大学生培养良好的英语学习能力，我们教师作为知识传授者，在备课的时候要充分理解教材，并更好地了解学生的学习兴趣，研究教材中的每个活动以及活动的内涵，弄明白每个探究性活动之间的结构及前后联系，这样才能更好地勾勒出一条清晰的探究规律；同时还要将教材内容和学生的现实生活更好地联系起来，以促进他们更好地运用自己来自现实生活中的个性化经验去理解和把握书本上的理论知识，从而为打造以学生为主的课堂做好教材准备。此外，教师要在具体的英语教学中摒弃以前那种比较单一的传授知识的方法，注重对学生学习方法的培养，注重在具体的英语课堂上创造比较开放的氛围以及学生与教师之间、学生与学生之间不断互动的互动式课堂；要注重创造支架式语法教学探究合作式的课堂，通过合适的方式逐个解决，并在探究中掌握学习的方法。

支架式教学模式强调学生是教学的中心、是知识意义的主动建构者。支架式教学模式鼓励学生进行独立的探索，并且在阅读过程中发展不同的阅读策略。另外，随着阅读过程的深入和学生认知能力的提高，教师会逐渐撤除支架来培养学生自主学习的意识，实现学生的自我监控，这都有利于学生自主学习习惯的养成。通过问卷调查发现，通过使用支架式教学模式，学生在

自主学习意识、自主学习动机、自主学习策略及自我效能感等各个方面都有不同程度的提高，而且在实验后与控制班具有显著差异，据此可以说明，支架式教学模式的使用能够帮助学生发展自主学习能力。教师为学生提供"支架"，构成了学生学习过程中的一个过渡阶段，随着学生学习能力的不断提高，教师要逐渐撤除支架，如果不及时撤除支架或者支架的搭建过多、过细，将会限制学生的思维，不利于学生自主学习习惯的养成。

（二）英语教师要努力创造学生先学后教的课堂

支架式教学模式以学生为中心，强调对学生自主性和创造性的培养，打破了原来教师主导课堂的局面。然而，这并不意味着教师作用的弱化，相反，教师在支架式教学模式中的作用至关重要。为了更好地实现英语支架式教学，帮助广大学生培养良好的英语学习能力，同时也提高我国英语课堂的教学效率，作为英语教师的我们还要知道每个学生的个体差异性是客观存在的。在该教学模式中，教师起到引导者、帮助者和促进者的作用。一个优秀的教师，应该了解学生的特点和能力，能够适时地给学生提供符合其认知发展的"支架"，在学生需要帮助的时候给予提示、帮助及反馈。通过设置各种活动来组织和引导学生理解和运用学到的知识，解决学习中遇到的问题。同时，一个优秀的教师还应该给学生提供轻松愉快的学习环境，充分发挥学生的个性和特长，培养学生的学习兴趣和自主性，帮助学生真正成为学习的主人。

由于学生的英语基础不同，所以教师要了解他们的长项和短板，并且要进一步了解学生的心理倾向和认知规律，这有助于教师充分了解学生，从而更好地鼓励学生培养自主学习的意识与习惯，不断提高他们自学的能力，做到课前预习，使学生带着问题走进课堂，在课堂上通过教师的帮助解决他们遇到的具体问题，从而创造学生先学后教的课堂。与此同时，英语教师还要努力激发学生的学习兴趣，鼓励学生自主学习，提前预习书本内容。

教师应该根据学生的认知情况进行"支架"的搭建，教师可以根据以往的教学经验来预测学生可能会在阅读中遇到的问题，从而选择合理的"支架"来帮助学生顺利地进行阅读。搭建并不是越多越好，教师要从教学内容的实际出发，在一定程度上为学生的思维提供充分的发展空间。然而"支架"也可能将学生的思维导向固定化模式。因此，当学生具备了一定的认知和语言能力之后，教师应该减少"支架"的使用，鼓励学生多维度思考问题，培养创新意识和独立思考的习惯。

（三）重视教学情境创设，强化学生学习成功体验

众所周知，无论是生活还是工作，人们都是处于一定的环境当中，并时刻受到环境的影响，一个好的环境会对人们产生积极的作用，相反，一个消极的环境则会对人们产生不好的影响。因此，为了更好地实现英语支架式教学的作用，帮助广大学生培养良好的英语学习能力，教师就不得不为广大学生营造良好的学习氛围，创造良好的学习英语的环境，重视教学情境创设，使广大学生置身于相对真实的语言情境中。

第八章　英美文学教学能力的培养

第一节　英美文学教学中思辨能力的培养

一、英美文学教学与思辨能力

2020 年制定出台的本科类英语专业教学指南明确了学生的能力要求本专业学生应具有良好的英语语言运用能力、英语文学赏析能力、英汉口笔译能力和跨文化能力；具有良好的思辨能力、终身学习能力等。文学类课程从以前的英国文学和美国文学两门课扩展到了包括文学导论在内的专业核心课程、专业必修课程和选修课程。学生从第四学期开始接触文学，由原来的两个学期变成了三个学期，由此可见文学课程对于提高学生的思辨能力、人文素养有着关键性的作用。

从学院文学教学实践上来看，教师教学基本上是侧重于文学史的梳理和文学流派简介，对于文学作品的解读仅停留在作家作品背景介绍、作品内容简介等"是什么"的层面，而很少和学生就"为什么"展开讨论。比如，在学习《傲慢与偏见》的过程中，学生对于该作品的印象集中在故事的男女主人公的爱情故事中，很少会去探讨伊丽莎白与达西爱情背后的故事。

二、以思辨能力培养为核心的英美文学教学

对于文学课程中思辨能力的培养，文学文本的优势远大于文学史概论。通过阅读经典作品，学习者可以"主动参与文本意义的寻找、发现、创造过程，逐渐养成敏锐的感受能力，掌握严谨的分析方法"，同时其思辨能力也能得到培养。因此，以文本阅读为文学学习的起点，引导学生体验文本，构建主动探究、思维博弈式学习氛围，有助于学习者思维能力的发展。相反，如果一味讲述文学史，学习者被动接受他人既成的观点，很可能让学习者形成依赖性，导致"思辨缺席症"越来越严重，这与现代化高级英语人才培养的初衷背道而驰。

如何通过文学课程培养学生的思辨能力？美国哲学家莫蒂默·阿德勒提出文本阅读可以分为探索发现、细致审视和外部延伸三个阶段。美国教育心理学家布鲁姆把人的认知能力分为六个级别，这两者对应了思辨能力的核心技能。思辨能力指思维能力、分析能力、论述能力以及解决问题的能力。文秋芳教授把思辨能力细化为两个层次——思辨能力和思辨能力。"第一层次元思辨能力是指对自己的思辨计划、检查、调整与评估的技能；第二层次思辨能力包括与认知相关的技能和标准。"孙有中教授在深入研究思辨能力的基础上，创新性地提出了思辨英语教学原则，把思辨能力和语言技能两者完美地结合了起来，为文学课的思辨式教学提供了有力的理论和实践依据。

（一）将思辨能力培养纳入教学目标

孙有中教授的思辨英语教学原则包括以下八方面：对标、评价、操练、反思、探究、实现、融合、内容。对标是首要原则。对标意味着在课程教学大纲中明确思辨能力教学目标，并落实到每个单元的教学目标中。通过思辨

学习语言，通过语言学习思辨，同步提高语言能力和思辨能力。思辨能力包含思辨品质和认知技能两个维度。以英语文学导论为例，教学目标既要包含文学基础知识，又要包含对文学作品的理解、欣赏和评价能力，这些能力即思辨能力。具体到每个章节，如在"小说"部分，"情节"这一文学要素单元，学生既要了解情节的构成部分，还要赏析"请买票"这一短篇小说。

教师只有在教学中明确了思辨能力培养目标，才能组织以思辨为中心的教学活动，课堂教学才能实现隐性育人的效果，实现学生的语言和能力协同发展。

（二）更新教学模式和教学手段

在互联网技术快速发展和全球覆盖背景下，传统的填鸭式教学明显无法适应新时代人才培养的要求。翻转课堂、线上线下混合式学习、手机学习APP软件无处不在，给教师和学生带来了很大的挑战。思辨英语学习提倡探究式学习，并教会学生怎样学习。教师采取苏格拉底提问式的课堂教学模式，对话式教学引导学生理解和评价文学作品，为学生搭建脚手架。以小组为学习单位，充分利用线上教学如慕课等，设计问题，并建立规则，最终形成思辨文化，使得学生既能与同伴一起讨论问题并解决问题，又能独立完成课后反思和撰写评论文章，实现思辨能力与语言能力的融合发展。

在赏析外国文学作品时，中国优秀文学作品和传统文化应该纳入教学活动中。在学习赏析英国浪漫主义诗歌时，带领学生畅游在美丽的水仙花世界，"飞流直下三千尺，疑是银河落九天"的中国壮丽景观更令人心驰神往。孙教授总结了七类苏格拉底式提问方式，教师可以根据不同的教学内容采取不同的方式，循循善诱，充分调动学生的积极性，促进学生个性的发展和潜能的激发，并激发学生的爱国情怀，明确"四个自信"。

（三）改革教学评价方式

思辨式教学原则中，评价的导向作用至关重要。孙教授指出，为推动教学改革，课堂教学的思辨维度应该纳入教学评价体系，并对学生的课堂表现和作业进行评价。学生的作业包括口头作业和笔头作业。口头作业包括课堂展示、小组讨论等。

随着信息技术的普及，信息技术教学手段已经覆盖学校所有课程和所有教师，信息化教学成为教师教学和考核的重要依据之一。教师通过雨课堂开展文学教学后，课前布置学生阅读文本，学生阅读完后以小组为单位根据文本提出问题并给出参考性答案。课堂上分享阅读发现，课后撰写反思日志或者学术评论。课堂上能及时了解学生学习情况，教学形式也变得多样化，学生参与课题讨论的积极性也增加了不少。

对于教师的评价考核，学校教务管理部门应该将"教学是否把思辨能力培养纳入教学目标，是否设计有效的任务或活动促进思辨能力与语言能力的融合发展，是否重视对学生思辨品质的培养，是否发挥了教师的思辨示范作用"等思辨指标作为教师考核的重要方面。教师在选取教学内容时，要根据话题的相关性、文体的多样性、知识的学术性和思想的启发性来确定教学材料，这意味着教师要在浩瀚的文学教材中甄选出有利于开展思辨教学的教材。

思辨式教学既是一种趋势，又是一种教学理念。思辨能力是高校人才培养的一个重要方面。作为高年级必修课程之一，文学课必须主动承担起思辨能力培养的重任。学校、教师和学生三方从思想意识、行动上落实思辨能力培养指标，经过不断强化，使思辨标准内化为教师和学生的思维习惯，最终外化为学生思辨能力的提升。高校最终培养的应是具有国际视野、家国情怀的创新型、高层次的复合型外语人才。

第二节 英语专业英美文学课教学的技能培养

目前，多数高校英语专业都将英美文学课设为英语专业高年级的必修课。实际上，英美文学课的学习就是英美文学史和文学作品的学习。在实际的课堂教学中，教师通常的做法是：首先教师向学生介绍要学习的文学作品的历史背景，然后分析文学作品的文本内容、阐述某些评论家对该作品发表的观点和看法，让学生消化理解。这种传统的教学方法对教师来说非常有效，因为教授文学课的一个重要方面就是向学生讲授文学作品的文本材料。然而，按照当代教学法的评判标准，此教学方法未免有些太狭隘。由于学生过于依赖教师对文学作品文本的讲授，一方面在学习文学作品文本时，学生未能作为学习的主体参与到学习中；另一方面，久而久之学生无法形成主动思考问题的习惯，变得有惰性，这种填鸭式教学使他们认为能够通过考试就可以。

与此方法相反，为了使学生在学习各种不同类型的文学文本时给予积极的回应，以技能为基础的教学方法是值得推荐的，如果教师能够有效地传授这些学习技能，那么学生就能逐渐获得所说的"生成转换能力"，即在阅读文学作品时能独立进行思考、理解的能力，学习者在分析文学文本时有能力与人交流，用流畅、简洁的语言写出该文本的观点作为对文本的回应。以技能为基础的教学方法的目的是通过给学习者提供学习方法来获得文本的思想含义，给学习者提供这些学习方法是为了以学习者为教学中心，让他们主动参与学习来衡量学习者的独立学习能力：不依赖教师为学习权威，教师的作用只是帮助学习者参与学习过程，使学习者学会并应用这些技能。那么学习者在阅读、阐述文学文本时所要应用的学习技能是什么呢？笔者认为大致有三种：感知技能、译译技能及编码技能。

一、感知技能的培养

感知技能指的是学习者要具备观察、识别文本结构及文本其他表面特征的能力。当然，前提是学习者已经对文学的基本概念、定义等有了初步的了解，能够较为准确地分辨出各种不同的文学文本题材，能够识别出文学语篇使用的语言特点。

首先，要培养学习者从文本的表面特征来区分是戏剧、散文还是诗歌的能力，并且能够分辨出一个指定题材中可能包括不同的次题材。以诗歌为例，学习者在学习诗歌时应该能够分辨民谣、十四行诗、颂歌，能够区分英雄偶句诗和自由体诗等题材。

其次，培养学习者对于运用独特语言特点的观察能力。这种独特的语言运用有两种：一种是文学文本的语言运用偏离现代标准英语，如有的文学文本使用古体英语；另一种语言的运用脱离现代语言的标准语法，在日常生活中不常使用的语言。如在诗歌中，诗句中常运用有规则的韵律格式称为韵律；诗歌中的诗句声调相同称为押韵。

再次，英美文学教学要培养学生识别文本采用的突出强调的语言模式的能力。以散文为例，在散文中有时每一章节重复使用了一些文法模式，这些文法模式构成了一个故事或小说。

最后，培养学习者在学习文学文本时还需具备能够观察出其是否运用了某些文学手法的技能，这个技能同前面讨论的学习者要有识别文本语言运用的能力同样重要。除了要能识别文本运用偏离现代标准英语和语言的运用脱离现代语言的标准语法外，学习者在学习文本时还要能识别文本是否运用了暗喻、象征等文学手法，否则学习者在理解文本含义时就会导致对文本内容的错误理解，影响文学文本的学习及理解。

二、译码技能的培养

译码技能是指学习者通过阅读文本观察、识别获得的数据资料且使之有意义、需要掌握的技能。在英美文学教学中要培养学习者学会运用：文本纲要，即运用已知的世界知识包括文学话语（文学文本）知识和读过的文学作品；文本提示，即通过对文本的观察、描写获得的数据资料；阅读和思考技能。这样才能使学习者领悟理解文本的含义。

首先，领悟理解文本含义的一个基本方面就是外语学习研究学者理查德所说的"领悟明了的含义"，这指的是要培养学生具有从文学文本内容获得其外延意义的能力。以叙事小说为例，这指的是学习者在阅读一个文本的指定章节时，如果不是整篇文本，能够准确地勾画出主要事件发生的时间顺序，进而学习者能够明确地按照要求叙述一篇小说或其中一个章节的主要内容。明白了文本的外延意义后，学习者也要能够推断出其内涵意义。学习者弄明白了文本独特的语言特征、观察到了文本突出强调的模式、注意到了文本的写作技巧的运用后，教师要向学习者说明这些能促使诗歌、戏剧、小说或短篇小说的内涵意义的呈现。如英国诗人欧文的战争诗运用的半韵手法的意义、小说家威廉·戈尔丁的《继承者》中第一部分运用的及物动词不带宾语等，学习者如能回答出这些问题就能发现文本主题思想或其他潜在的意义特征。

其次，教师还要指导学生如何通过文本的措辞、句法来推断作者与主题的联系及作者对读者的态度等信息。当然，这是要培养学习者具有推断作者对文本的语气、观点看法及运用文学交流的语用学的知识的能力。具备了此能力，学习者在阅读小说时就会发现如小说家会频繁打破语言质量准则，这个文学交流质量准则含有不要去说所相信的是虚假的禁令。如果小说家故意这样做了，读者应该能推断出小说家向我们呈现的某个特定人物、特定事件及特定情形可能是采用了具有讽刺意味的写作手法。

再次，培养学习者阅读戏剧或散文时应该具备的技能。这涉及在学习者对于比如人性已有的知识或先入为主的看法绘制出作品中人物的言行举止，以至于学习者可以根据固有的模式化形象相关的行为理解作品中人物的言行。对于一个模式化形象进行阐释后，如一个英雄、一个恶棍、一个红颜知己等，学习者就可以更加深入地分析人物的个性特征。

最后一个破译技能的培养是学习者对文本要有预测能力。对叙事小说和戏剧来讲，根据文本结构或其他线索学习者需要进行前瞻性思考，换句话来说，这是培养学习者具有预测、推断能力。比如，故事情节是如何发展的，或是故事里的人物下一步在面对一系列特殊情形要说什么、要做什么等。至于诗歌，学习者如能够识别其题材，就能理解诗歌的语境及基调。例如，如果是一首颂歌，读者可能期待这首诗包含令人深思的话语，在这话语中诗人的情感就会演绎成具有某些哲学意义或美学意义的思考。

三、编码技能的培养

对于英美文学的学习，如果只会阅读但是不能对其文本的学习进行书面的阐述，那将是不完整的。然而，令人遗憾的是此方面的教学往往被教师忽略了。教师知道，尽管学生在课堂上对所学文本内容进行口头讨论时看起来读懂了文本，但是在写作、测试时要求他们用通顺的语言、正确的文本格式写出他们的感悟、观点时却很困难，这很可能是因为学生缺少文学文本方面的写作教学的指导。如果要求学生清晰、简明地表达对于所学文学文本的分析、看法观点，教师就应该有意识地去培养此方面的技能，即编码技能。

对于文学文本相关的写作技能与英语语言教学大纲提出的关于写作培养目标无太大差别。

首先，要培养学习者准确、正确地用标准英语表达对所学文本的看法观点或做出回应。能做到这一点，学习者应该已经掌握了一定的词汇量、句型及适当的文学术语，这样学习者才能清晰地表达对文本的印象与理解。

其次，教师要指导学生对一个文本的指定话题如何能充分地表达出来，这就要求学生对于指定话题要求的内容能够做到详细阐述并用文本实例来证明。因此，确定对于指定话题要写什么之后，教师要培养学生能够连贯地、语言衔接很好地写出其要求的内容，即要用适当的方式或结构、适当的连接手段进行写作，清晰地讨论指定话题并用简洁的、具有逻辑性的结论来完成文本的写作任务。

最后，学生要用适当的写作规范手法去写作：起草、修改、编辑，为的是使对于文本的表达能够更准确，阐述的观点更精练。这样，编码技能的培养才算完成。

上述探讨的只是学生学习英美文学文本时要培养、应用的几个主要技能。在教学实践中，这些技能被认为是令人满意的教学方式和教学目标。教学大纲的制定者、师资培训者、教师及主考者在起草教学大纲、确定教学目标、指定考试题及考试方法时应该考虑到上述技能的培养。

关于教学大纲的制定，制定者应该具体描写出学生学习文学文本需要培养、应用的这些技能并给予详细的说明。教师要根据这些技能的培养要求来思考、制定教学目标，学生能成功地完成教师的教学目标就是对教师的良好教学效果的反馈。主考者不仅要根据学习内容确定试题，还要根据这些技能的培养确定试题内容。测试考查学生对于所学内容记住了多少，还考查了学生面对一个不熟悉的文本时如何思考，如何准确、简洁、有逻辑性地阐述其思想观点。

第三节　英美文学教学与学生人本精神的培养

英美文学课作为高校英语专业高年级学生的必修课，其意义和作用在于通过阅读和分析英美文学作品，提高学生的语言运用能力，增强对西方文学及文化的了解，培养学生的文学鉴赏能力，敏锐感受生活、认识生活的能力，进而从整体上促进其人文素质的提高。不言而喻，大学生的人本精神培养亦是高校教育中不可或缺的部分。推进自然科学和人文科学相结合，培养学生的人本精神，提高学生的全面素质是当今教育发展的趋势。

一、人本精神与人本主义教育思想的内涵

（一）人本精神的内涵

人本精神又称人本思想或人本主义。所谓人本精神，也就是人们所说的"终极关怀"，指的是"以人为本"的精神，是一种高度重视"人"和"人的价值观"的思想态度。人本精神的主要内容就是以人为中心，一切为了人，一切依靠人。尊重人的自由、平等，发展人的个性、促进人的全面协调进步，确立以人为核心的价值理念和意识形态是人本主义，也是人本精神的实质内涵。人本精神教育主张将人文知识和人文精神渗透贯穿到人的成长过程之中，以便塑造一个人良好、健全的人格操守以及责任感、人生观、价值观等。这

种塑造既可内化造就一个人卓然的人格品行和风度气节，也可外化为其为人处世、交际时的礼仪与分寸。

（二）人本主义教育的内涵

人本主义教育视人格完善为教育的最终目标，重视个体的潜能，突出个体的科学价值，将人本教育贯穿于教育的整个过程中，使教育人性化、人格化、个性化。在实际教学中有意识地让学生去思考、感受和体会人生的道理和文化价值；强调人的自由、尊严和人格。现代教育观倡导"素质培养"的思想，目的是在淡化知识、技能的同时，更加注重学生的生活态度、对人和事物的情感意向和价值取向，以及宽容乐观的个性和健全的人格的培养。

为了顺应现代学习理论发展的新潮流，教育大师罗杰斯提出了人本主义学习观，随之引发了一系列的教学改革。意义学习是罗杰斯人本主义学习观的核心和灵魂，它是一种既能增长知识又与每个人的经验融合在一起的学习，意义学习要求整个人在情感和认知方面的全方位参与。因此，教师要引导学生最大限度地参与到教学的各个环节中，自主学习，充分发挥学生的自身潜能，培养其创造性人格，最终实现全面发展。

二、在英美文学教学过程中，怎样培养学生的人本精神

（一）明确英美文学的学习意义，增强学习动机

众所周知，文学是语言的艺术，语言的精华主要存在于文学语篇之中。所以，英美文学作品可以给英语学习者提供丰富多彩的词汇、句式与篇章。这些别具一格、含义微妙、发人深思的语料库可以提高学习者的语言感悟能力和运用能力。英美文学是源远流长的西方文化的一个缩影，英美文学的作家无疑会把英美文化的价值观、世界观和英语民族的思维方式融入其作品中。

学生在学习的过程中会逐渐感受了解到多元文化的乐趣，培养自己对文化的宽容精神，进而提高自己的跨文化交际能力。

学习英美文学还可以培养学生的思辨能力、感受能力，健全其人格。王守仁教授曾经说过，"学生通过阅读英美文学作品，主动参与文本意义的寻找、发现、创造过程，逐步养成敏锐的感受能力，掌握严谨的分析方法，形成准确的表达方式。这种把丰富的感性经验上升到抽象的理性认识的感受、分析、表达能力，将使学生受益匪浅"。这种由于参与而形成的思辨能力和感受能力不仅有助于学生对知识的认知、探求和应用，还有益于他们对生活的理解。

总而言之，广大英语教育工作者要给予英美文学正确的认识和应有的重视，利用课内外的一切机会帮助学生改变对这门课程的错误观念，使他们从思想上认识到英美文学课的重要性和必要性，激发出他们的学习热情。

（二）加强课堂教学改革，激发学习兴趣

学生人本精神的培养需要广大授课教师重新审视这门课程的性质和教学中的各种要素，改革课堂教学，进而激发学生的兴趣、提高教学质量和增强教学效果。

1.教学内容的改革：优化教学内容，贴近学生学习和生活的实际

"必须让所有学生，无论他们是在哪个（教育）阶梯上，接触与他们生存有关的真实问题，这样他们才会发现他们想要解决的问题"，这是罗杰斯的人本主义教学内容观的核心。它以"真实问题"为基础，因此导致人本主义的这一教学理念要求教师要因人而异、因材施教，不断优化教学内容，使之不断适于学生的知识水平和学习兴趣。因此，教师要在有限的课时内遵循由易到难的认知规律，精心挑选一些具有时代特色、反映先进文化的篇目，让学生接触到更多现代和当代的英语文学经典。在作品选材上要以适合学生

的心理和接受能力为出发点，注意所选阅读材料要具有积极的社会意义和教育意义，使之有效激发出他们的想象力，培养学生思考能力，对他们形成健康的人生观提供帮助，进而指导他们的学习和生活。

2. 教学形式的改革：丰富教学形式，营造和谐轻松的学习氛围

人本主义教育模式重视客观环境对学生的影响，不仅主张为学生提供丰富的学习资源，还主张为学生创造轻松和谐的学习氛围。因此，在课堂教学中，教师可以通过图文并茂的教学课件并合理地利用光盘、幻灯片等现代化的多媒体教学辅助手段对教学内容进行强化，以直观性明显的视觉听觉"盛宴"来激发学生的学习兴趣，引起他们与作品的情感共鸣。并且可以采用诸如诗歌朗诵、名剧片段表演、小组讨论等多种形式教学，使学生最大限度地参与、融入课堂教学活动中，消除他们对文学的敬畏心理，让他们与文学"亲密接触"，使学生乐在其中。

3. 教学方法的改革：以学生为中心，充分发挥学生学习主观能动性

刘润清教授在其《论大学英语教学》一书中指出："教师不仅传授知识，给予指导，更重要的是教给学生自学的方法，培养他们自学的能力。"所以在教学方法上要从以前的教师自导自说、唱独角戏的单一模式转变为双方甚至多方互动的情感教学模式。在教学活动中既要重视教师的主导作用，更要重视学生的作用，有时在教学中学生的作用大于教师的作用，而且英美文学课本身就是难度较大的专业课，它与学生具有的知识量和知识面都有很大的关联。所以调动学生的积极性、自主性，为他们创造机会参与讨论和交流是教学的关键。

21世纪，在我国高等院校的人才培养中，如何结合专业教学，加强对大

学生的全面素质教育，在传授科学知识的同时努力培养其人本精神是当前我国高等教育所面临的而且必须解决的问题。总而言之，随着人本主义教育理念的引入和英美文学教学改革的不断深化，教师与学生会逐步建立一种平等和谐的师生关系，共同努力把英美文学课建成一门真正以人为本、因材施教的人文素质课程，以及培养人文素质与科学素质相结合的文理兼备、全面发展、具有高尚品德和创新能力的优秀人才。

第四节 英美文学教学中学生创新能力培养

一、英美文学课在学生创新能力培养中的作用

英美文学课是我国高校英语专业传统的重要课程。教育部 2000 年颁布的《高等学校英语专业教学大纲》规定，英国文学、美国文学课程为专业知识必修课，英美文学史等课程为专业知识选修课。其教学目的是"培养学生阅读、欣赏、理解英语文学原著的能力，掌握文学批评的基本知识和方法。通过阅读和分析英美文学作品，促进学生语言基本功和人文素质的提高，增强学生对西方文学及文化的了解"。作为高校英语专业课程体系中的主干课程，英美文学课由于其自身的特点，在学生创新能力培养中有许多独特的优势，对学生的创新能力培养能够发挥重要的作用。一般来说，大学生创新能力应包括这样一些基本要素：创新精神、创新人格、创新思维、创新智慧、创新技能等。

奠定扎实的英语语言基础，促进学生英语语言技能的提高。创新的前提是有扎实的基础，对英语专业的学生来讲，就是要打下扎实的英语语言基本功，只有这样才能自如地、创造性地使用英语语言，才能在今后的工作中不

断创新。通过阅读文学作品打下扎实的英语语言基本功是通向创新之路的第一个关口。走"文学道路"是我国英语界英语学习的良好传统。英美文学课的文学作品不仅可以为学生提供丰富多样的语言材料，使学生在较短时间内接触到最为丰富的语言现象，从而提高学生对语言的感性认识，为学生提供学习英语的范例；同时还可以通过为学生创造真实而有意义的语言情境，提高学生对语言的理解能力和应用能力。一个真正走"文学道路"的人通常比那些仅局限于选修狭隘、零碎的"实用"课程的人具有更扎实的技能和文化知识。原因很简单：尽管一门设计得当的文学课不会以单独训练某套特定的技能为目的，但是它以各项技能的内在化为前提。

促进学生对英语语言文化的深层理解，学会创造性地、得体地使用英语语言。文学是文化的一个组成部分。英语文学作品中蕴含着丰富的英语国家社会文化知识。文学又是语言的艺术，优秀的文学作品能够展示出英语语言之美，展示出文学家对英语语言创造性的应用，而语言与文化又是融合在一起的。学习语言，不能仅仅掌握浅层的语言技能，还要学习语言背后所蕴含的文化，了解英语国家的历史文化与风土人情，了解英语民族思维方式的理解，进而提高对英语的领悟力和实际运用能力。从某种意义上讲，英语专业的毕业生要想在激烈的竞争中占上风，必须多了解英语国家的文化，并具有理解英语深层结构和微妙之处的能力，还要具有按英语习惯得体地表达的能力。英语文学课就是造就这种优势的一种手段。因此可以说，在培养英语专业学生的创新能力方面，文学作品的阅读和欣赏起着引路者和催化剂的作用。

激发学生进行深度的阅读和思考，培养学生的批判性思维能力和创新能力。阅读文学作品的过程是一个思考的过程和意义寻求的过程。英语文学作品往往通过各种典故、格言、暗示、比喻、象征、双关语等修辞手段来表达意义，因此要想弄懂作品背后的真正含义，读者不能仅靠单纯的语言技能从字面上去理解，还要运用想象力和创造力，去发现文字的隐含意义，去发现作品在不同时代和不同视角下呈现出的不同意义。因此，学习文学的过程也是一个锻炼学生思维能力的过程。学生通过阅读英美文学作品，主动参与文本意义的寻找、发现、创造过程，逐步养成敏锐的感受能力，掌握严谨的分析方法，形成准确的表达方式。这种把丰富的感性经验上升到抽象的理性认识的感受、分析、表达能力，将使学生终身受益。文学作品的阅读鼓励和激发学生进行批判性的思维活动，在此过程中，学生将会有无数的创新发现。

培育学生的人文精神，提高学生的综合素质。优秀的文学作品包含着作家对人生的思考和对人类生存终极意义的关怀。学习优秀的文学作品有助于学生陶冶性情、启迪智慧、提高品位，有助于学生拓展思维与认识空间，充实心灵家园，培养健全人格。总而言之，英语文学的学习已不再是单纯的语言学习，它还有陶冶情操、开阔视野、启迪智慧等独特作用。英语文学教育是构成人文素质教育的一个重要组成部分，它实际上是培养一种对世界和人生的感悟，是一种对待世界的态度。大学教育所培养的人才，不仅应具备良好的专门知识和专门技能，还要具备深厚的人文精神和良好的综合素质。只有这样的人，才是社会需要的全面发展的人，才能发挥合理运用其专业知识和创新能力的作用，为人类的幸福和社会的发展做出贡献。

二、在英美文学课中进行学生创新能力的培养

高校英美文学课应该是一门综合素质培养课，而不仅仅是一门语言训练课。英美文学课的教学活动应多围绕文本意义和语言特点进行思考和讨论，

而不是就某一语言或语法项目进行反复操练。在教学过程中，可将创新能力的诸要素，如创新精神、创新人格、创新思维、创新智慧、创新技能等融合到教学过程和教学活动中去，在潜移默化中培养学生的创新能力。

深入发掘文学语言的"文学性"。对英语专业的学生来讲，不仅要学会使用英语听、说、读、写、译等方面的技能，还要学会如何对这几方面技能进行灵活运用，这是英语专业学生创新能力的表现之一，体现出英语专业的特性。在进行英美文学课教学时，应注重引导学生领略、学习文学语言的"文学性"，带领学生欣赏英语语言之美的同时还要加强对英语语言更深层次的理解，进而提高学生灵活运用英语语言的能力。文学性是语言本身所固有的潜在属性，所有的语言使用都具有某种文学性。形象思维和文学幻想、多义性和暧昧性是文学性最基本的特征。因为文学是语言艺术，在文学中语言的各种潜能一般都能得到充分发挥。优秀的英语文学作品具有很强的文学性，体现出对英语语言的创造性运用。对文学性材料的学习能对学生的外语语言技能产生微妙的但很强的影响。通过这种学习学生不但能使用外语，而且能完美地使用外语。

充分发挥教师的引导作用。在领略、学习文学语言的文学性方面，教师扮演着非常重要的角色。教师首先要吃透所要讲授的文学作品，对其语言的妙处和蕴含的思想要全面把握，在讲解时应注意引导学生欣赏文学作品中对语言的妙用。文学课的讲授中，一定要重视对作品文学性的分析，这是文学课与语言技能训练课的区别所在。学生创造性使用语言的能力不是与生俱来的，也不是自然获得的，而是要经历一个模仿、练习、融会贯通的过程。俗话说，熟能生巧。这话用在英语语言的学习上非常适当。在教师精妙的讲解之外，针对性的练习必不可少，如名篇名段背诵、名段翻译、作品改写或简评等。

学生通过对文学作品中名篇名段的背诵，可以加深对语言微妙之处的理解；通过对名段的英汉翻译，可以进一步深化对语言的感性认识，这就是"熟"的过程。通过学生对作品改写或写简评的练习，可以让学生把对语言妙用的感性认识转化为自觉应用，这就是"生巧"的过程。

适当引入文学批评理论。完全自由和自发的阅读及讨论并不能促使学生开展有深度的思考。而当代西方各种文艺思潮和文学批评理论则可以引导学生从不同的角度审视文本，拓宽学生的思维空间，使学生养成多维思考的习惯，不追求单一的理解。文学教学的目的之一是教会学生理解文本所表达的意义，而一个文本的意义往往是多样化的，文学上的解释并没有固定的答案，只有合理的解读。因此，教师应鼓励学生运用文学理论对文学文本进行不同角度的解读，可以采用写简评、小组讨论及上台发言等形式。这种训练可以使学生摆脱单一思维模式，养成多向思维的习惯。创新的火花往往就是在多向思维的碰撞中产生的。教学实践中要注重文学批评理论的应用，不宜对理论本身做深度的讲解。

设计丰富多样的教学活动。文学课堂是学生综合运用英语语言知识和技能的平台。文学课适合组织各种活动，以促进学生的实践应用能力。文学课上常见的课堂活动如下：其一，诗歌朗诵。学习完一首诗歌后，要求学生在下次上课时背诵此诗。英语诗歌往往语言精练，表达含蓄，需要反复诵读才能体会其深刻的含义。学生在进行诵读的过程中既能进一步理解，也可以锻炼其思考的能力。其二，角色扮演。讨论完一部戏剧作品后，组织学生扮演不同的角色，在课堂上表演剧中的精彩片段。在表演过程中各创新要素将得到综合运用。其三，小组讨论和自我陈述。学习完一部小说后，组织学生就小说的主题、人物形象、创作技巧、语言特色等方面进行分组讨论，并要求每组学生派代表上台汇报讨论结果。讨论的过程是学生创新思维得以自由发挥的过程；而自我陈述又可以锻炼学生的表达和应变能力。其四，作品改编。要求学生对所学的作品进行不同体裁的改编，如将诗歌改编成故事，或将小说改编成戏剧等。改编是一种二次创作，是一种创新活动。在多样化的活动中，学生的基础知识和能力得到加强，思维变得更加活跃，创新意识得到进一步激发，创新技能得到进一步锻炼。

创新是人类追求进步和发展的精神的体现，是社会发展的推动力。创新是时代发展的迫切需要，是教育改革的一项重要内容。创新也是传统的英语专业摆脱发展困境的有效手段。因此，在英语专业的教学中，应着重培养学生的创新能力。英美文学课在这方面具有独特的优势，可以发挥重要的作用。但是英美文学课的这种优势只是一种潜能，如何更好地发挥其在培养创新人才方面的独特优势，需要我们不断地思考和探索。

参考文献

[1] 毕晓直.高校英语课堂教学与英美文学教育的研究探索 [M].北京：经济管理出版社,2023.

[2] 周书阅,张丹.英语语言文学与文化研究 [M].北京：新华出版社,2015.

[3] 牛莉.英语阅读技巧与英美文学鉴赏 [M].长春：吉林出版集团股份有限公司,2023.

[4] 王家华.文学翻译与大学英语教学研究 [M].天津：天津科学技术出版社,2023.

[5] 余玲.文学翻译对英语翻译教学的影响研究 [M].北京：经济科学出版社,2022.

[6] 徐刚.高校英美文学教学理念与模式研究 [M].天津：天津人民出版社,2021.

[7] 张旭,李学宁.融通大学英语跨文化阅读教程 [M].上海：华东师范大学出版社,2020.

[8] 庞守生.英语文学阅读与功能语言学 [M].吉林出版集团股份有限公司,2020.

[9] 邹菁菁.大学英语教学转型与创新 [M].沈阳：辽宁大学出版社,2020.

[10] 王晗,张丹,蔡路平.英美文学与英语教学融合研究 [M].北京：北京工业大学出版社,2020.

[11] 朱晓萍 . 英美文学的语言审美与艺术研究 [M]. 北京：北京工业大学出版社 , 2020.

[12] 袁毅 . 高校文学翻译课程教学研究 [M]. 吉林出版集团股份有限公司 , 2020.

[13] 高振凤 . 生态文明视角下大学英语教育研究 [M]. 长春：吉林大学出版社 , 2020.

[14] 史小兰 . 英语语言文学与文化理论研究 [M]. 西安：西北工业大学出版社 , 2020.

[15] 黄远振 . 英语阅读教学与思维发展 [M]. 南宁：广西教育出版社 , 2019.

[16] 何冰 , 姜静静 , 王婧 . 现代跨文化英语教学与课程设计研究 [M]. 长春: 吉林人民出版社 , 2019.

[17] 姜昌银 . 核心素养理念视域下的高中英语教学方法探析 [J]. 高考 ,2023(11)：112-115.

[18] 蔡曙婷 . 新媒体视域下高校英语教学方法探索 [J]. 科教导刊 ,2022(16): 144-146.

[19] 何婧 . 茶文化视域下英语翻译教学方法研究 [J]. 福建茶叶 ,2022(8): 90-92.

[20] 王维 . 英美文学价值视域下的高校英语教学论 [J]. 读天下 ,2020(22)：185.

[21] 谭丽娜 . 现代性视域下古代文学教学方法研究 [J]. 长江丛刊 ,2020(28): 48-49.

[22] 魏欢.“互联网＋”视域下大学英语教学方法探讨 [J]. 海外英语 ,2020(13)：124-125.

[23] 王智敏 , 董艳 . 后方法视域下英语教学文化意识的培养 [J]. 教学与管理 ,2020(12)：98-100.

[24] 李茂叶 . 接受美学视域下大学文学课教学方法改革研究 [J]. 名作欣赏 ,2021(2)：114-116，137.

[25] 陈思孜 . 多元文化视域下高校英语教学理论与有效方法研究 [J]. 科教导刊 (电子版),2021(7)：233-234.

[26] 谭钦菁 . 多模态视域下大学英语词汇教学方法探究 [J]. 英语教师 ,2019(13)：147-149.

[27] 葛春生 . 核心素养视域下英语文学作品导读教学例谈 [J]. 江苏教育 ,2019(43)：20-24.

[28] 李端阳 . 茶文化视域下英语翻译教学方法探析 [J]. 福建茶叶 ,2018(3)：196.

[29] 郭二莹 . 视域融合视角下的英美文学与综合英语教学 [J]. 文化创新比较研究 ,2017(19)：120-121.

[30] 郑春艳 . 教育生态学视域下的英语翻译教学方法研究 [J]. 现代职业教育 ,2016(28)：54-55.

[31] 张梦雪 . 英美文学视域下大学英语教学现状研究 [J]. 湖北经济学院学报 (人文社会科学版),2014(10)：208-209.

[32] 杨帆 . 素质教育视域下的高职高专英语教学方法探索 [J]. 产业与科技论坛 ,2013(13)：193-194.

[33] 陈勇 . 我校新办英语专业条件下英美文学教学方法探索 [J]. 温州医学院学报 ,2007(2)：197-197.

[34] 刘禹彤 . 接受美学视域下的高校英语文学教学改革研究 [J]. 长江丛刊 ,2022(27)：16-18.

[35] 姜军 . 新媒体视域下高校英语教学方法探索 [J]. 杂文月刊 (下半月),2023(1)：28-30.

[36] 李佳倩 , 李花 . 基于精准教学视域下的非英专大学生英语教学方法优化探究 [J]. 长江丛刊 ,2023(20)：41-43.

[37] 孙振艳 . 新课改视域下高中英语教学如何实现教学方法创新 [J]. 中学生英语 ,2023(14)：51-52.

[38] 雷馥源 . 人类命运共同体视域下的英语专业文学思辨教学研究 [J]. 校园英语 ,2022(17)：6-8.